世界一わかりやすい
ミクロ経済学入門

小島寛之

講談社

ビジネスにマジで役立つミクロ経済学を！

　世の中にミクロ経済学の教科書は掃いて捨てるほどあります。それらと比べて本書のウリがどこにあるかについて説明しましょう。

① ビジネスにマジで役立つ題材だけにしぼっている！

　あなたが経済学部卒の社会人か経済学部の学生であるなら、次の質問に答えてみてください。「学部で勉強したミクロ経済学が仕事で役立ったことがありますか？」、「学部で学んでいるミクロ経済学が将来、仕事に活かせる予感がしますか？」。どちらの答えもきっと、NO!でしょう。

　悲しいことに、これらの解答は正解なのです。経済学者であるぼくもこれらの解答に激しく同意します。世の中のミクロ経済学の定番教科書が役立つのは、経済学の大学院に進学するごくごくわずかな人にだけで、それ以外の大量の社会人・学生さんには全くの無用の長物にすぎないと思います。

　なぜこんな悲劇が起きているかはここではあえて語りません。代わりに、本書はそういう悲しい現実を打ち破る試みとして書いた、ということを胸を張って述べます。

　本書は、ミクロ経済学の定番教科書から、ビジネスに不要な部分を削除しました。そして、誰もがビジネスに携わっていく中で活き活き使える「ものの見方・考え方」だけを採用することにしました。以下、どういう点かを説明しましょう。

② 難解な無差別曲線・効用関数・微分はバッサバッサと削除した！

　ミクロ経済学の定番教科書では、「効用関数を用いた無差別曲線」をたっぷり解説します。ぼくはこれが学習者を落ちこぼす元凶だと思っています。これが問題なのは、分かりにくいだけではなく何の役にも立たないことで

す。社会で活かせる場面は皆無と言っていいです。

　もう一つの元凶は「微分」です。経済学部の学生たちは「文系だったのに経済学部に来たら微分をやらされた」と頭を抱えることになります。ところで、経済の理解に微分って不可欠でしょうか？　ぼくは全くそう思いません。微分は経済現象を表現するための一つの道具にすぎず、不可欠なものでも本質でもありません。消費者の心の中の嗜好も、企業の生産計画もきっと微分なんてできません。だから本書は、これらの元凶を思い切って削除しました。そうすることで逆に、いろいろなことをわかりやすく解説できるようになります (例えば、価格と量の軸を逆にするなど)。また、扱うテーマを広げることもできます (例えば、選挙制度など)。だから、難しい数学に苦しむことなく、「経済学の広さと有用さ」を印象的に納得してもらえるようになったと自負しています。

③ 経済学の根本的な疑問に答える！

　本書のもう一つのウリは、経済学を学ぶ人が抱くであろう根本的な疑問に答えている、という点です。多くの学習者は、「需要曲線って、どこに存在する？」、「需要曲線ってどうやったら描けるの？」、「需要曲線と供給曲線の交点で取引が行われるのは本当？」といった素朴な疑問を持つでしょう。しかし、たいていの教科書はそういう疑問に答えようとしません。その理由は、経済学者という人種が、そういう根本的な問いを通らずに来たからに他なりません。でもぼく自身は、そういう素朴な疑問に頭を悩ませた経験を持っています。本書ではできるだけそういう疑問に答えようと試みました。

④ 解いて楽しいオタクっぽい練習問題を導入！

　何の教科書であっても、最も大事なことは練習問題を解くことです。しかし、定番教科書の練習問題は無味乾燥で解く気力が起きないものがほとんどです。本書ではそれを打破すべく、練習問題の題材をできるだけ多くの人が楽しめるものに工夫しました。それこそ、「アイドル市場」、「イケメ

ン俳優さんとのデート」、「アニメ・キャラのフィギュア」などのオタクっぽい題材です。これならきっと、読者も興味を持ち、解く気になって、楽しんで経済学を身に着けることができるに違いありません。

　ではでは、ミクロ経済学の楽しい勉強をいざ開始することとしましょう！

目　次

第1講　需要曲線と供給曲線　　1
　ミクロ経済学のテーマ　　1
　アダム・スミスの問題提起　　2
　価格は、どうやって決まるか　　4
　需要・供給の原理　　5
　需要とは関数のこと　　6
　需要曲線の描き方　　8
　需要曲線は右下がり　　10
　供給は企業側の関数　　11
　供給曲線は右上がり　　12
　価格が高くなると生産予定量が増加するのはなぜか?　　13
　価格と取引量の決定　　15

第2講　野菜の需要曲線と価格弾力性　　19
　商品の価格は需要と供給の両方で決まる　　19
　なぜ、交点が現実の取引になるのか　　21
　「需要と供給の原理」は真実なのか?　　23
　野菜の需要曲線を描く　　25
　現実のナスの需要曲線　　28
　価格弾力性の計算の仕方　　32
　水とダイヤモンドの問題に答える　　33
　医師が免許制でなくなったら　　35
　[発展]　需要の価格弾力性と供給の価格弾力性の推定　　39

第3講　オークションはどんな仕組みになっているか　　43
　オークションは、経済の箱庭　　43
　オークションの種類　　44
　内的評価という考え方　　45
　買い手の行動をシミュレートする　　47
　売り手の行動をシミュレートする　　50
　イングリッシュ・オークションの均衡　　52
　ダッチ・オークションの均衡　　53
　オークションの需要曲線・供給曲線　　54

第4講　売った人の得、買った人の得～余剰の考え方　59

売った人も買った人も得をする 59
オークションでの「得」を計算する 60
消費者余剰と生産者余剰 61
均衡取引は、なぜ最適なのか？ 64
生産者余剰を図示する 67
消費者余剰を図示する 70

第5講　人は心の中に「好み」を備えている　75

ミクロ経済学の王道に進む 75
私たちは「好み」で動いている 76
選好の推移律 77
投票のパラドクス 78
「同じくらい好き」の記号 79
2つの商品の消費に好みを導入する 80
完全代替財とはどんな商品か 80
完全補完財とはどんな商品か 82
無差別曲線の描き方 83
[参考]　効用関数について 86

第6講　直接交渉をシミュレートする　91

経済は、結局、物々交換でできている 91
少女たちの物々交換 92
リンゴとミカンの物々交換をシミュレート 93
交換の合意は唯一ではない 95
交渉の決裂 96
相対価格の考え方 97
貸し借り契約のシミュレーション 98
いろいろな経済活動をシミュレートできる 99

第7講　手番のあるゲームの戦略　103

経済における戦略的な駆け引き 103
ゲーム理論の誕生 103
ゲームの種類分け 104
ゲームの木とは何か 105
戦略とはどういうものか 107

合理的なゲームの結末･････････････････････････････ 110
　　逆向き推論でゲームを解く ･･････････････････････････ 111
　　均衡を実際に求めてみよう ･･････････････････････････ 112
　　均衡が意味すること ････････････････････････････････ 115
　　逆向き推論は必勝法を与える ････････････････････････ 116
　　コイン取りゲームの必勝法 ･･････････････････････････ 117
　　$N=4$ 枚と $N=5$ 枚のケース ･･････････････････････ 119
　　[参考]　なぜ必勝戦略になるのか？････････････････････ 122

第8講　戦略としての価格付け　　127

　　ゲーム理論で現実の問題を分析する ･･････････････････ 127
　　石油の自由化 ････････････････････････････････････ 127
　　参入ゲーム ･･････････････････････････････････････ 129
　　企業の利潤から利得を計算する ･･････････････････････ 129
　　参入ゲームの均衡を求める ･･････････････････････････ 130
　　価格の役割 ･･････････････････････････････････････ 133

第9講　企業はなぜ倒産するまで値下げ競争するのか　　137

　　戦略型ゲーム ････････････････････････････････････ 137
　　囚人のジレンマゲーム ･･････････････････････････････ 137
　　戦略の強支配 ････････････････････････････････････ 138
　　囚人のジレンマゲームの均衡 ････････････････････････ 140
　　企業の過当競争 ･･････････････････････････････････ 142
　　宿題のコピペゲーム ････････････････････････････････ 143
　　セカンド・プライス・オークションの均衡 ･････････････ 146

第10講　ナッシュ均衡はいろいろな事例を説明できる　　151

　　戦略の強支配で解けないゲーム ･･････････････････････ 151
　　ナッシュ均衡の登場 ････････････････････････････････ 152
　　しがらみとしてのナッシュ均衡 ･･････････････････････ 154
　　右へ倣え均衡 ････････････････････････････････････ 155
　　銀行の取りつけ ･･････････････････････････････････ 157
　　企業の利潤はゼロに近づく ･･････････････････････････ 158

第 *1* 講

需要曲線と供給曲線

ミクロ経済学のテーマ

　ミクロ経済学とは、おおまかに言えば、経済の仕組みを、消費者、企業といった経済活動を行う最小単位から眺め、その背後に潜むメカニズムを数学的に解明するものです。ミクロ経済学における最も重要なテーマは、次のようにまとめることができます。

> (1) 商品の価格はどのように決まるのか。
> (2) 消費者は、どのような動機をもとに、消費行動をとるのか。
> (3) 企業は、どのような動機をもとに、生産活動を行うのか。
> (4) 消費者と企業が (2)(3) の動機の下で経済活動を行うとき、富の分配はどのようになり、社会の豊かさや暮らしやすさはどうなるか。

　これらの問題を数式で表現し、数学的に分析することは、簡単なようで非常に難しいことです。なぜなら、生産や消費は私たちが日常的に無意識的に行っていることなので、それを客観的に見直す、というのが簡単ではないからです。
　一般に、人間にとって「あたりまえなもの」「自然な存在」は、その原理を解明することが困難です。物理学で「空気は何であるか」とか、「重力は

何であるか」の解明に時間がかかったことが良い例です。いつも身の回りにあって、その存在を意識しないものほど、その本性を理解するために、天才科学者の高い知性を必要とするのです。実際、「空気」や「重力」を解明するためには、「真空」や「無重力」という「自然でない状態」をバーチャルに想定する必要がありました。こういうバーチャルな思考による発見は、天才を要する仕事です。物理学では、ガリレオ、ニュートン、アインシュタインなどの天才が発見に貢献したのはご存知のことでしょう。

ミクロ経済学においても、上の (1) から (4) で述べたようなテーマを分析する場合に、同じように「バーチャル世界の想定」が必要になります。ミクロ経済学を創り上げたのは、経済学の天才たちによる数々の発見だったのです。

本書でも、そういう「バーチャル世界の想定」が頻繁に出てきます。それに遭遇して、「自分の見ている経済活動と違うぞ」と思ったときは、この理屈を思い出してください。

アダム・スミスの問題提起

ミクロ経済学を生み出したのは、18 世紀スコットランドの社会学者アダム・スミスであるとされています。アダム・スミスは、『国富論』(参考文献 [1]) という本を書いて、社会における経済のありかたを分析しました。

最も有名なのは、次の主張です。

> 社会のすみずみに豊かな富が行き渡るのは、分業のおかげである。

つまり、商品を作る際に、人々が手分けして専門の作業に取り組むことで、社会の生産効率が向上し、生産物が増加する。その増加した生産物が市民に行き渡ることで、全市民が潤う、というわけです。アダム・スミスが、このことを「虫ピン製造の分業」で説明したくだりは有名です。虫ピン 1 本を一人だけで作るのには膨大な時間がかかります。鉄を溶かす、ピンの形を作る、尖らす、磨く、などの多くの工程があるからです。しかし、多くの職人が組んで、各自がどれかの工程を専門的に担当すれば、効率的な生産が可能になるというわけです。

アダム・スミスはこの本の中で、次のような問題提起をしています。

> 商品の「価格」と「価値」は、どのように異なり、どのように決定されるのか？

このことを、次のような非常にわかりやすい例え話で提示しています。

> 水のように人間にとって最も大切なものが安価で、ダイヤモンドのように人間の生活にはどうでも良いものが高価なのはどうしてか？

ここでアダム・スミスは、私たちが生産し消費するモノを、2つの観点から捉えています。

> 「役に立つ・立たない」という「価値」の面
> 「安価・高価」という「価格」の面

という2つの観点です。とくに、前者を**「使用価値」**と呼び、後者を**「交換価値」**と呼んでいます。使用価値や交換価値は、現代の経済学では使われない用語なので、一応、翻訳しておくと、

> 使用価値　→　使用するときに得られる効能はどのくらいか
> 交換価値　→　それと交換に、他のモノをどの程度得られるか

ということを意味しています。

私たちは普段、あまり意識しませんが、商品には**「価値」**と**「価格」**という2つの視点があります。例えば、1万円の高級ワインは、「価格」は明らかに1万円で誰にでも共通ですが、ワイン通のAさんには1万円を払っても飲みたいと感じさせ、お酒を飲まないBさんにとって、全く価値がありません。つまり、

> 商品の価値　→　人それぞれ
> 商品の価格　→　人々に共通

ということです。

この観点で言うと、アダム・スミスの問いは、次のような意味になりま

す。すなわち、水は、人間にとって欠かせないもので高い使用価値を持っている。一方では水はおおよそ安価だから、水の購入をやめたからといって代わりに手に入るものはあまり多くない。つまり、交換価値は低い。他方、ダイヤモンドは、使用のうえでこれといった効能がなく、使用価値が低い。けれど、高価であり、ダイヤモンドを手放すなら豊富な物資が手に入る。つまり、交換価値は高い。このような違いがどこから生じるか、ということです。

　このアダム・スミスの問いに対して、その後100年ぐらいにわたって、さまざまな解答が提案されました。その中には、リカードやマルクスなど、著名な経済学者も含まれます。しかし、満足のいく解答が与えられたのは19世紀の終わり頃です。三人の経済学者、メンガー、ジェボンズ、ワルラスによって、同時に独立に与えられました。彼ら三人の解答を基礎にして、現代のミクロ経済学では、使用価値と交換価値を、次のように言い換えています。

- **消費するときに得られる効能はどのくらいか　→　選好**
- **それと交換に、他のモノをどの程度得られるか　→　価格**

この講では、後者の「価格」について解説します。前者の「選好」については、第5講で詳しく説明します。

価格は、どうやって決まるか

　商品の値段のことを、ミクロ経済学では「**価格**」(price) と呼びます。経済学における価格の表現は、次の二通りがあります。

(1) **絶対価格**：その商品をお金で買うときに必要な代金の額面。日本なら「円」の単位で表現される。
(2) **相対価格**：商品Aを1単位買うために、商品Bを何単位あきらめなければならないかで表現される。

例えば、テレビ 1 台が 10 万円、のように紙幣の量で表すのが絶対価格です。他方、テレビ 1 台の代わりにディズニーランド 10 回行ける、という風に表すのが相対価格です。私たちが普段考慮するのは絶対価格です。私たちは商品を手に入れるとき、必ずお金を支払うからです。一方、(2) もたまに意識することがあります。「昨日、ゲームセンターで無駄使いしなければ、コンパに 3 回は行けた」などと反省する場面などです。

　ミクロ経済学の立場で言うと、「**お金**」が何者であるか、というのは実はとても難しい問題です。例えば、1 万円札はただの「1 枚の紙きれ」ですから、それがどうして 1 万円相当の高級ワインと交換できるのか、1 万円札のどこにそんな「モノとしての効能」があるのか、簡単には説明できません（本書では詳しく説明しないので興味のある人は、参考文献 [2] [3] を参照して下さい）。

　一方、(2) はほとんど意識しないにもかかわらず、私たちの生活の土台となっています。例えば、スマートフォンの通信料に 1 万円を支払うということは、1 万円分で食べられる高級レストランでの食事を放棄したことを意味します。私たちが、生活の中で、何かの消費を行うときは、その裏側で「しないで済ます」消費を決めています。何かの購入は、裏側で何かの放棄を意味しているのです。消費行動は、このような「選択と放棄」が土台となっています。

　本講では、(1) の絶対価格を基礎にして、解説を進めます。相対価格を使って価格を考える考え方は、後の講で紹介します。

需要・供給の原理

　「**商品の価格はどう決まるか**」についての、現代の経済学での解答は以下です。ただし、ここで言う価格は、絶対価格のことです。

> **需要・供給の原理**
>
> 　商品の価格と取引量は、消費者の需要曲線と企業の供給曲線が交わる点によって決まる。

需要曲線と供給曲線については、このあと、丁寧に解説します。

この「**需要・供給の原理**」は、ミクロ経済学だけでなく、経済学全般にわたって用いられる最重要の原理です。どのくらい重要か、というと、「経済学は鸚鵡でもできる。需要と供給という言葉を覚えさせればいい」というジョークが出るほどです。本書の目標は、この原理をできるだけ深く理解することに置かれます。

もちろん、読者の皆さんは、ミクロ経済学を勉強するのに「鸚鵡のように復唱する」だけではいけません。この原理をどの程度深く理解するか、で経済学の理解の達成度が決まります。したがって、本書では、いろいろな角度からこの原理にアプローチすることで、読者をより深い理解に導きます。この第1章では、この原理に対する最も初歩的な解説を与えます。

需要とは関数のこと

まず、「**需要**」(demand) について解説します。

テレビ番組などで「この商品には需要がある」というときは、「人々が強く欲しがっている」という意味合いで使われます。しかし、ミクロ経済学での「需要」は、それとは違うことを理解する必要があります。

まず、経済学では、「廃棄物でない限り、モノは必ず欲せられる」という前提を置いています。どんなモノでも無料なら人は欲する、というわけです。しかし、対価を支払うなら、話は別です。それがどれだけの量欲しがられるかは価格次第になります。価格が安いならたくさん、高いなら少しの量が欲しがられる、というわけです。つまり、経済学での「需要」は、「**価格と欲しがられる量との関係**」を表すものなのです。図示するなら、

▶ 価格　→　数量

この対応において、間に挟まっている「→」が表すのが、需要ということです。価格と量の対応関係は、例えば、表 1.1 のようになります。すなわち、経済学での需要とは、表 1.1 の「左右の数値の間の関係性」なのです。この表全体が需要を表します。

この表における対応関係の見方は、二通りあります。第一は左から右へ

表 1.1　ジュースの需要の例 (仮想例)

ジュースの価格 (円)	ジュースの需要 (万本)
80	12
90	11
100	10
110	8
120	6
130	3

表 1.2　ジュースの需要の見方

ジュースの価格 (円)	ジュースの需要 (万本)		ジュースの価格 (円)	ジュースの需要 (万本)
80 →	12		80 ←	12
90 →	11		90 ←	11
100 →	10		100 ←	10
110 →	8		110 ←	8
120 →	6		120 ←	6
130 →	3		130 ←	3

その価格なら、何本購買される予定か　　その本数購入される予定になるには、いくらで販売されなければならないか

の対応で見る見方です。それは
「仮に、左側の数値の価格で販売されたとしたら、消費者は右側の数値の本数を購入する予定がある」
ということです (表 1.2 左)。つまり、左側の数値が価格として与えられたとき、右側の本数が購買される「**予定**」になっている、ということです。第二は、右から左に見る見方です。それは、
「仮に、右側の数値の本数が消費者に購入される予定になるためには、左側の数値の価格が付けられる必要がある」
ということです。

　以上の 2 つの見方は、同じことを反対の立場から表現したものにすぎません。いずれにしても、「需要」というのは、「価格」と「購入予定量」の対応関係を表すものであって、世の中で付いている価格、世の中で売れて

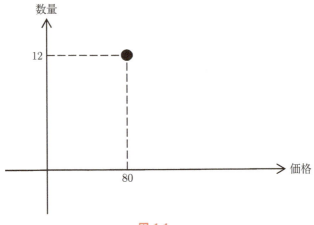

図 1.1

いる数量のことではありません。

ちなみに、このような対応関係は、数学で「関数」と呼ばれるものです。つまり、「需要」とは「関数」の一種なのです。

需要曲線の描き方

「関数」は、グラフを通じて、曲線図形で表すことができます。

[価格]→[数量] という対応関係で描くこともできるし、[数量]→[価格] という対応関係でも描けます。ここでは、前者の対応関係を描きましょう。

図 1.1 で、横軸は価格を表し、横軸上の 80 は、「価格が 80 円であること」を表します。そして、80 のまっすぐ上、12 の高さのところに点を打ちます。この 12 は、「数量が 12 万本であること」を表します。したがって、この点が表しているのは「ジュースの価格が 仮に 80 円だったら、ジュースは消費者に 12 万本が購買される 予定である」ということです。たった一つの点に、このような複雑な意味合いを持たせることができることこそが、関数のグラフの威力なのです

他の価格と数量の対応を点として打って行きましょう。左から二番目の点は、「ジュースの価格が 仮に 90 円だったら、ジュースは消費者に 11 万

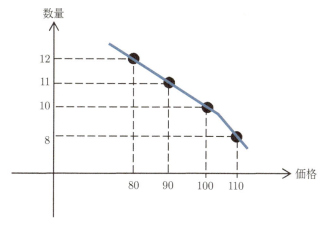

図 1.2　ジュースの需要曲線

本が購買される 予定である」ことを表します。三番目の点は、「ジュースの価格が 仮に100円だったら、ジュースは消費者に10万本が購買される予定である」ことを表します。これらの点をつないでいくと、図 1.2 の曲線が描かれます。この曲線は、「価格が変化すると、購買される予定量がどのように変化するか」を教えてくれます。この曲線を「**需要曲線**」と呼びます。

　需要曲線は、たくさんの (通常は無限個の) 点から描かれます。それらの点一つ一つは、消費者の価格への反応を表しています。大事なことは、これらの点たちは、すべてが「予定」「スケジュール」にすぎない、ということです。現実の価格と購買量は、この曲線上のどれか 1 点に決まるのですが、それがどの点かは、この曲線だけでは決定されません。

　ここで、一つ注意しておきたいことがあります。ミクロ経済学では伝統的に、これと反対に座標軸を設定します。すなわち、横軸に数量、縦軸に価格を設定するのです。そうしたほうが便利な理由があるからです (90 ページのコラム参照)。ただ、初学者には、今のように、価格を横軸にとったほうがわかりやすいので、本書ではもっぱらこの方式で描いていきます。したがって、本書以外の教科書で勉強するときは、軸を反対に見ることを意

識してください。

需要曲線は右下がり

　需要曲線の特徴は、「**右下がりのグラフ**」になる、ということです。「右下がり」とは、曲線を指で左から右にたどっていくと、だんだん下がっていく、ということです。

> **グラフを右にたどる　→　価格がだんだん高くなる**

を意味し、

> **グラフが下がる　→　数量がだんだん少なくなる**

を意味します。したがって、グラフが右下がりということは、

> **価格が高くなると購買予定量が減少する**

ということを意味します。逆に、グラフを右から左にたどると、グラフは上がって行きますから、これは、

> **価格が安くなると購買予定量は増加する**

ということを意味します。

　「高くなれば、あまり買われなくなる」ということは、常識としてわかることなので、説明の必要はないかもしれません。しかし、後で解説することに備えるため、ここでは一歩踏み込んで理由を説明しておきます。

　ジュースの価格が 80 円だと 12 万本が購入される予定で、90 円だと 11 万本が購入される予定だ、ということは、80 円から 90 円に値上がりすると、購買予定量が 1 万本少なくなる、ということです。これは、次のように理解することができます。お金を払ってジュースを購買する、ということは、その同じお金で買える他の商品を諦める、ということを意味することは前に説明しました。すると、ジュースの価格が 80 円なら、他の 80 円の商品に比べてジュースを飲むことを優先する人でも、ジュースの価格が 90 円の場合には、他の 90 円の商品の消費から効能を得ることを優先する

場合があるでしょう。ジュースが 90 円なら、80 円以上 90 円以下の商品が代わりの選択肢となり、選択の余地が広がるからです。12 万人の中に代わりの消費に切り替える人が 1 万人いるとすれば、価格 90 円の場合に 11 万人しかジュースを選択しないこととなるのです。

供給は企業側の関数

次に「供給」のほうを解説しましょう。

「**供給**」(supply) とは、企業の生産・出荷予定を表す用語です。すなわち、「ジュースの価格がいくらなら、企業はどのくらいジュースを生産し出荷するか」という対応関係を表すのです。「需要」のときと同様に、

➡ 価格 → 数量

という関数関係を表しています。

一例を挙げれば、表 1.3 のようになっています。この表によれば、「仮に、ジュースの価格が 80 円なら、企業たちは 8 万本を生産・出荷する予定である」、「仮に、ジュースの価格が 90 円なら、企業たちは 9 万本を生産・出荷する予定である」、などとなっています。

需要のときと同じように、この表は、あくまで企業の「予定」「スケジュール」であり、世の中で実際に売られている価格ではない、ということに注意してください。

ここで、読者はこんな疑問を持つかもしれません。すなわち、

表 1.3　ジュースの供給の例 (仮想例)

ジュースの価格 (円)	ジュースの供給 (万本)
80	8
90	9
100	10
110	12
120	14
130	17

「価格は企業たちが付けるんじゃないの？　仮に、というのはどういうこと？」

という疑問です。これはもっともな疑問ですが、よくよく世の中を眺めると、「価格は企業が決める」とは言えないことに気づきます。ジュースなどの商品は、店で安売りされていることがあります。これは、印字されている価格では売れない、という判断で値下げされていると考えられます。商品に価格を印字してしまっても、その価格で販売できるとは限りません。(書籍のような例外はありますが) 基本的に商品の価格は柔軟に付け変わるものなのです。また、企業たちが商品を世の中に投入するとき、他の類似商品がどのくらいの価格で販売されているかを参考にするのは常識です。そのような価格を俗に「相場」と言います。いずれにしても、企業たちは、商品の価格について、それを自分で好きに付けるわけではなく、むしろそれは外から与えられるものだ、ということです。このようなことを専門の言葉で、**価格受容** (price taker) と言います。

供給曲線は右上がり

「供給」も、「需要」と同じく、グラフに表すことができます。供給のグラフである曲線を、「供給曲線」と呼びます。表 1.3 から描いた供給曲線が図 1.3 です。

例えば、横軸上の 80 のところで高さ 8 のところに点があるのは、「仮に、ジュースの価格が 80 円なら、企業たちは 8 万本を生産・出荷する予定である」ことを表しています。

この曲線は、右上がり、という特徴を持っています。これは、企業が、

→ **価格が高くなるならば生産・出荷の予定量が増加する**

ことを表しています。逆に言えば、

→ **価格が低くなれば生産・出荷の予定量が減少する**

ということです。

消費者の「需要」と逆の反応になっていることに注目してください。

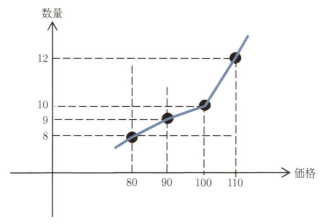

図 1.3　ジュースの供給曲線

価格が高くなると生産予定量が増加するのはなぜか？

　消費者の需要曲線が右下がりであることは、読者にはほとんど明らかだったと思います。しかし、企業の供給曲線が右上がりになる理由はそんなに明らかではないでしょう。どういう仕組みで「価格が高くなると増産をする」のでしょうか。

　直観的には、「商品が高く売れるなら、儲かるからたくさん生産する」と説明できそうです。しかし、よくよく考えると、それではうまく説明できていません。実際、企業たちが生産して出荷するのは、もちろん儲かるからです。ならば、もっとたくさん生産してもっと儲ければいいではないですか。なのに、なぜそうしないのでしょうか、なぜある出荷量で生産をやめるのでしょうか。こう考えると、これはそう簡単な仕組みでないことに気づくでしょう。

　このことには、二通りの説明方法があります。第一の説明は、

> 企業たちは、どんな価格の予想の下でも常に、最も儲かる生産量 (利潤最大化生産量) を選んでいる。だから、ある価格予想の下で

は、それ以上の増産はしない。しかし、**予想される価格が上昇すると、最も儲かる生産量は前より増加する。だから、価格が高くなると増産を行う。**

というものです。これは「**限界原理**」と呼ばれるものです。
「予想される価格が上昇すると、最も儲かる生産量は前より増加する」理由は、高校数学 (微分 = 限界原理) を使えば、非常に明快な説明となるのですが、この説明は採用せず以下の第二の説明を採用することにします。

> **同じジュースを複数の企業たちが生産できる。ただし、各企業たちが生産できる量は限界が決まっており、生産する場合は限界いっぱいまで生産する。各企業たちは、それぞれ、ジュース 1 本を生産するのに異なる費用に直面している。**例えば、ある企業はジュース 1 本を 50 円の費用で生産できるし、他の企業は 60 円の費用で生産できる、という具合である。価格が 80 円の場合は、費用が 80 円より低い企業しか生産しない。80 円より高い費用がかかる企業では赤字が出てしまうからである。価格が 90 円に上昇すると、80 円では生産・出荷できなかった企業 (費用が 80 円から 90 円の間にある企業) も生産・出荷できるようになる。だから、価格が上昇すると生産・出荷量が増加する (表 1.4)。

ここで読者が抱くに違いない疑問に対して、Q & A 形式で答えておきましょう。
Q：企業は薄利多売を狙って、安くしてたくさん売るのではないか？
A：今、企業は限界いっぱい生産していると仮定しているので、これ以上多売できない。
Q：価格が高くなると予想されるなら、需要が減少するとわかるからむしろ生産をひかえるのではないか？
A：需要が減っても、供給を上まわっているなら完売するので心配ない。

ポイントになるのは次のことです。

表 1.4　価格が高くなると、生産・出荷量が増える

	生産コスト	80円のときの利潤	90円のときの利潤
企業1	40円	+40円	+50円
企業2	45円	+35円	+45円
企業3	50円	+30円	+40円
企業4	55円	+25円	+35円
企業5	60円	+20円	+30円
企業6	65円	+15円	+25円
企業7	70円	+10円	+20円
企業8	75円	+5円	+15円
企業9	85円	−5円	+5円
企業10	95円	−15円	−5円

80円のとき：1万本ずつ出荷（計8万本）
90円のとき：1万本ずつ出荷（計9万本）

- 企業は、企業全体の中では小さい存在なので価格を操作できない。
- ある価格が予想された場合、その価格が費用を超えていれば能力いっぱい生産し、費用を下回っているなら生産に参加しない。

価格と取引量の決定

　以上で需要関数と需要曲線、供給関数と供給曲線の説明が終わりました。いよいよ、「**需要と供給の原理**」をきちんと述べましょう。それは、

- 需要曲線と供給曲線の交点で現実の取引価格と取引量(販売量)が決まる

ということです。これを前節までのジュースの例で見てみましょう。

　表1.5には、ジュースの需要と供給を両方書き入れてあります。需要と供給が一致するのは、価格が100円のときです。「需要・供給の原理」は、この価格とこの量に現実の取引が決まる、という原理なのです。これをグラフで見ると、図1.4になります。

- 需要曲線と供給曲線が交差する点Eが、需要と供給が一致する点

です。この点Eは、価格100円のときに、需要(購買予定量)と供給(生

表 1.5　ジュースの需要・供給の一致

ジュースの価格 (円)	ジュースの需要 (万本)	ジュースの供給 (万本)
80	12	8
90	11	9
100	10　← 一致 →	10
110	8	12
120	6	14
130	3	17

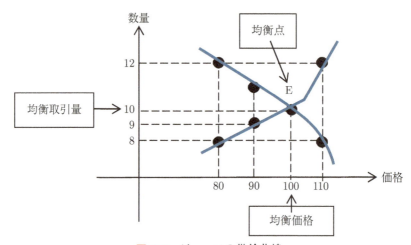

図 1.4　ジュースの供給曲線

産・出荷予定量) が一致していることを示す点です。

　この点 E が、「**均衡点**」と呼ばれます。また、この価格 100 円を「**均衡価格**」、この取引量 (購入量かつ販売量) を「**均衡取引量**」と呼びます。

　ここで、「均衡」という言葉は、「つりあい」という意味で、経済学での基本用語です。まとめると、次のようになります。

> **均衡点・均衡価格・均衡取引量**
>
> (1) 需要曲線と供給曲線の交点を均衡点と呼ぶ。
> (2) 均衡点における価格を均衡価格と呼ぶ。
> (3) 均衡点における数量を均衡取引量と呼ぶ。
> (4) 経済学では、現実の価格は均衡価格に決まり、現実の購買量・販売量は均衡取引量に決まる、と考える。

　以上で「需要・供給の原理」の解説は終わりますが、読者にはまだ身についていないでしょう。練習問題を解いて身につけてください。

第1講のまとめ

① 需要とは、価格に対する消費者の購買量のスケジュールのこと。
② 供給とは、価格に対する企業たちの生産・出荷量のスケジュールのこと。
③ 需要曲線は右下がりで、価格が高くなると買われる量が減少する。
④ 供給曲線は右上がりで、価格が高くなると生産・出荷される量が増加する。
⑤ 需要曲線と供給曲線の交点が均衡点。
⑥ 均衡点の価格が、均衡価格。
⑦ 均衡点の量が、均衡取引量。

第1講の練習問題

1.

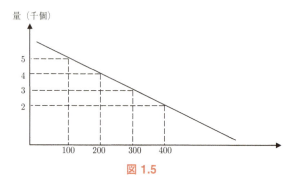

図 1.5

(1) 図 1.5 の曲線は、ジュースの需要曲線である。このとき、価格が 400 円なら、消費者は (　　　) 千個のジュースを購入する予定である。また、5 千個が購買されるようになるには、価格は (　　　) 円でなければいけない。

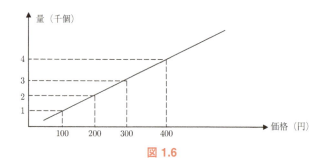

図 1.6

(2) 図 1.6 の曲線は、ジュースの供給曲線である。このとき、価格が 400 円なら、ジュース会社は (　　　) 千個のジュースを出荷する。また、1 千個が出荷されるためには、価格は (　　　) 円でなければならない。

　需要曲線と供給曲線を合わせて考えると、均衡価格は (　　　) 円となり、均衡取引量は (　　　) 千個となる。政府命令で均衡とは異なる価格 200 円に固定された場合、(　　　)−(　　　)=(　　　) 千個分のジュースが足りなくなる。

第2講

野菜の需要曲線と価格弾力性

商品の価格は需要と供給の両方で決まる

　第1講で、消費者の需要曲線と企業の供給曲線が、どのように描かれるかを解説しました。大事なことは、これらの曲線上の点は、あくまで消費者のスケジュール(予定表)、企業のスケジュール(予定表)であり、実際に取引される価格や数量ではない、ということでした。実際に取引される価格と数量は、需要曲線と供給曲線の交点によって与えられます。これが、「需要・供給の原理」でした。もう一度、図を見てみましょう。

　右下がりの需要曲線上の各点は、すべて、消費者のスケジュールにすぎません。同様に、右上がりの供給曲線上の各点は、すべて、企業のスケジュールにすぎません。2つのスケジュールが合致する点、すなわち、需要曲線と供給曲線の交点 E が現実の取引を決めるのです。点 E の示す価格 100 円が現実の価格を表す均衡価格、点 E の示す取引量 10 万本が現実の購買量・販売量を表す均衡取引量となります。

　つまり、現実の取引を決定するのは、消費者のスケジュールと企業のスケジュールの双方のかねあいから、ということです。この点について、参考文献 [4] のコラムから、興味深いエピソードを引用しましょう。

　経済学が「需要・供給の原理」の発想にたどり着くまでに、100 年近い年月が必要でした(第1講でも紹介しました)。アダム・スミスの問いかけのあと、リカードやマルクスなどの経済学者たちは、

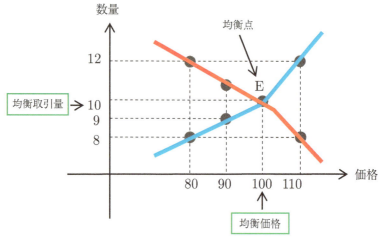

図 2.1 ジュースの供給曲線

▶ 「コストがかかるものほど高い」

という仮説を提唱しました。これは「**費用価値説**」と呼ばれます。また、ゴッセン、ジェボンズ、ワルラスなどの経済学者は、

▶ 「消費者が欲しがるものほど高い」

という「**効用価値説**」を唱えました。「需要・供給の原理」は、この 2 つの見方を統合したものなのです。この点について、19 世紀末のイギリスの経済学マーシャルは、次のように言ったそうです。いわく、

▶ 「『価格は費用によって決まるのか効用によって決まるのか』と問うことは、『紙を切るのはハサミの上の刃か下の刃か』と問うのと同じである」

と。
　解答が与えられてみれば簡単なことでしたが、これを理解したことで、経済に対する分析の方法が飛躍的に発展することになったわけです。

なぜ、交点が現実の取引になるのか

さて、需要曲線と供給曲線の交点に現実の取引が決まる、ということを「原理」として、天下り的に与えました。しかし、どうして、需要曲線と供給曲線の交点に現実の取引が決まると考えるのでしょうか。その根拠は何でしょうか。

実は、根拠の説明は難しいのです。実際、アダム・スミスは、「見えざる手に導かれて、自分がまったく意図していなかった目的を達成する」という有名な言葉で均衡が実現されることを述べ、ある意味ではごまかしてしまいました（参考文献 [1]）。その後、いくつかの説明が提案されてきましたが、どれも一長一短で、これと言った確定版はいまだにありません。ここでは、最も単純で初歩的な説明を提示することとしましょう。

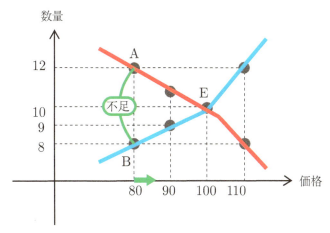

図 2.2　ジュースの供給曲線

図 2.2 のジュースの需要曲線と供給曲線をもう一度、見てみましょう。ここで、市場において、均衡価格 100 円でない価格が付けられた、と仮定してみます。例えば、80 円の価格が付いたとします。このとき、消費者の購買のスケジュールを表すのは A 点です。企業の生産・出荷のスケジュール

を表すのは点Bです。この点を見れば、消費者は12万本のジュースを購入する予定で、企業は8万本のジュースを生産・出荷する予定であるとわかります。すると、12 − 8 = 4万本のジュースが不足してしまいます。不足は線分ABの長さにあたることになります。

このような事態になったら、どうなるでしょうか？　ジュースを販売するお店や自販機でジュースの売り切れが続出するでしょう。そうなると、企業には追加の注文が入ることになります。この場合、企業に増産の余地があるなら、価格を変えずに増産をして出荷するでしょう。世の中の普通の状態は、おおよそそういう感じだと思われます。しかし、今の設定 (15ページ) では、このジュースを生産できる企業は、利益が出る (価格が費用を上回っている) 企業であって、しかも限界いっぱいまで生産している、と仮定していました。この設定においては、たとえ販売店から注文が来ても、現状で限界いっぱいまで生産している企業には増産することはできません。すると、現状では生産していない企業に注文がまわることになるでしょう。このとき、注文を受けた企業は、「今の価格では赤字になるので生産はできない」と答えるはずです。そうなると、販売店側は、消費者の強い要望があるので今より少し高い価格を提案することでしょう。少しぐらい高くしても、待っている消費者の一部は購入してくれる、と考えるからです。そうなれば、今まで生産に参加できなかった企業たちが生産に参加し、価格も上がることになります。現在生産・出荷している企業は、価格が上れば、より利益が大きくなるので生産を続けます。すると、価格は図の矢印の方向に動くことになるでしょう。

価格と生産量の同時的変化は、売り切れがなくなる均衡点Eに達するまではじわじわと生じるに違いありません。このような同時的変化は、専門的には「**価格調整過程**」と呼ばれます。これで、一応は、均衡点が実現する理由が説明されたことになります。

一言付け加えると、このような価格調整過程がいつもうまく行くか、というのは、経済学では現在でも議論となっています。「いつもうまく行く」と考える学者もいるし、「いつもうまく行くとは限らない」と主張する学者もいます。これは現実の経済問題を考える上で、非常に重要な問題なので

すが、本書ではこの点にこれ以上は触れません。

「需要と供給の原理」は真実なのか？

　以上、解説してきた「需要と供給の原理」は、あくまで理論上のもの、すなわち、「そのように考えることにしよう」というものでした。では、本当にこの原理は現実的に成り立つのでしょうか？

　この問いに答えるのは、前節の問いに答える以上に難しいです。この問いを、3つに分解するなら、

> (1) 需要曲線は現実に存在するのか？　どうやればそれを描くことができるのか？
> (2) 供給曲線は現実に存在するのか？　どうやればそれを描くことができるのか？
> (3) 現実の取引は、本当に需要曲線と供給曲線の交点に決まるのか？　それをどうやれば検証できるのか？

となります。

　まず、(1)の問いについて考えます。需要曲線というのは、そもそも消費者たちの心の中にあるスケジュールを総合したものですから、それは具体的には観測できません。消費者にアンケートしてみても、明確に答えてくれるとは限らないし、また、答えたことが正直な解答であるかどうかわかりません。

　次に(2)について考えましょう。企業の供給曲線は、需要曲線に比べて少しは具体的に捉えやすいでしょう。企業は、社内会議などによって、きちんと生産量を決めていると考えられるからです。しかし、企業が置かれた環境は、外部のさまざまな変化に影響されます。生産量は、単に市場で付くであろう予想価格だけで決定されるわけではなく、原材料の価格や労働者の確保状況などにも影響されます。このような外部環境を仮想的に一定に保ったまま、供給曲線を特定し描くことは至難の業と言えるでしょう。

　最後の(3)は、最も困難です。前節で例示したように、市場では均衡価格

でない価格が付くことがあってもかまいません。そのときは、売り切れや売れ残りが発生するだけです。しかも、売買はじわじわ進行するので、ある時期に観測された価格が均衡価格かそうでないかを判断するのはかなり難しいことでしょう。

最も問題なのは、価格と取引量を時間をおいて複数回観測し、それをグラフ上の点として打点して行っても、それで描かれる曲線は需要曲線でも供給曲線でもない、ということです。なぜなら、需要曲線と供給曲線は、一般に、同時に動いてしまうからです。

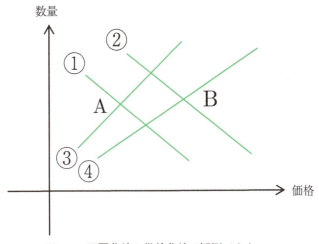

図 2.3 需要曲線や供給曲線は観測できない。

図 2.3 を見てください。点 A は、ある時期のジュースの価格と販売量を表す点とします。それはその時期の需要曲線 ① と供給曲線 ③ の交点となっています。次に点 B は、すこし後の時期のジュースの価格と販売量だとします。それは A とは違う時期の需要曲線 ② と供給曲線 ④ の交点となっています。この場合、A と B を線で結ぶと、需要曲線とも供給曲線と異なる曲線になってしまうことは明らかでしょう。点 A と点 B は、同一の需要曲線や同一の供給曲線上にないからです。このように、需要曲線と

供給曲線が同時に動いてしてしまう場合、実際に観測された価格と販売量の点を打っていくことでは、需要曲線や供給曲線を知ることはできないのです。

　このような困難に直面した経済学者たちは、別の検証方法を編み出しました。実験室にモニターとなってくれる被験者を集め、ある種のゲームをしてもらう、という検証方法です。一例を挙げると、ホルト、ランガン、ヴィラーミルの三人は、1986 年に、実験によって、需要・供給の法則の検証をしました。興味ある人は参考文献 [2] お読みください。このような実験室でのモニタリングによる検証は、一定程度の真実性を備えてはいるでしょう。しかし、現実の経済活動のメカニズムをシミュレートしているとは、とても言えません。人々の実験室での行動と現実の市場での行動は、一般には異なるものだからです。

野菜の需要曲線を描く

　以上で説明したように、現実の需要曲線や供給曲線を見出し、それを描くのは絶望的に難しい作業です。とは言っても、ごく特殊な商品については、その需要関数を描くことが可能だと考えられます。次の条件を満たすような商品です。

> 条件：
> (1) 中期 (例えば 1 年) には需要曲線は変化しないと考えられる。
> (2) 短期 (例えば月単位) では、供給は価格の変化に反応せず、供給量は一定である。
> (3) 短期の時期が変化すると (月が変わると)、その一定の供給量は増えたり減ったりと変化する。

　この三条件を満たす商品の典型例として、野菜を挙げることができます。
　まず、野菜についての家庭や飲食店での需要曲線は、1 年ぐらいの期間では変化しないと考えていいでしょう。なぜなら、野菜がどのくらい食されるかは、人々の好みと食習慣に依存し、それらの好みと食習慣は 1 年程

度の期間では変化しないと考えられるからです。もちろん、長期には、その野菜に関する人々の好みも変化して、それに応じて需要曲線も動くことはありえます。しかし、1年ぐらいの期間では需要曲線は動かないと考えてよさそうです。

> 野菜の需要曲線は1年程度では動かない。

一方、農家による野菜の供給は、一回一回で見た場合、価格に柔軟に反応することはなく、一定だと考えていいでしょう。「今月、キャベツが高く売れているから、来月はキャベツをたくさん生産しよう」という具合に、短期で臨機応変に生産量を調整することはできないのです。また、野菜の出来高は、天候に左右されますから、狙った量を生産することができず、収穫できた分そのままが出荷量となるでしょう。野菜は生鮮食品なので、生産したものはそのまま出荷され、すべて販売されると考えられます。したがって、月単位の供給量は偶発的に増減し変化します。つまり、

> 各月では野菜の価格がいくらと予想されようが、出荷量は出来高そのものだから、価格予想とは無関係に一定 (供給曲線は水平)
> 各月の野菜の出来高は、天候に左右されて偶発的に増減する (供給曲線は水平のまま上や下に動く)

すると、野菜の需要曲線と供給曲線は、(それらが本当に存在するなら)、図 2.4 のようになることが予想されます。

左図中の直線は、野菜の需要曲線です。1年を通じて変化せず、この位置に固定されていると考えられます。他方、右図中の4本の曲線は、それぞれが野菜の供給曲線です。

例えば、一番上の ① は 8 月の、一番下の ② は 1 月の、という風に、月別の供給曲線を表しています。

供給曲線 ① が水平線なのは、「野菜の供給量が価格に反応しない」ことを表しています。グラフを右にたどることは、価格が上昇することを意味しますが、直線 ① は上がりも下がりもせず、同じ高さのままですから、価格が変化しても、供給量のスケジュールは (a のまま) 変化しないわけです。

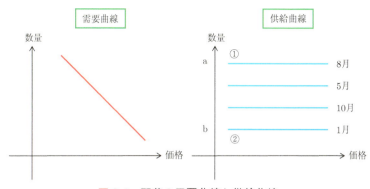

図 2.4 野菜の需要曲線と供給曲線

ちなみに、供給が価格に応じて変化する割合のことを「**価格弾力性**」と言います。価格弾力性の正式な定義はあとのページで行いますが、この場合は簡単で、

> **水平な供給曲線の場合、供給の価格弾力性は 0 である**

ということになります。

この「水平」という性質はどの月でも同じですが、月ごとに直線の高さは変わります。例えば、1 月の供給曲線を表す ② は、高さが b です。これは、1 月の供給は価格にかかわらず一定の b であるものの、8 月の供給量 a に比べて少ないことを意味しています。

野菜の需要曲線と供給曲線のこのような性質を認めるなら、野菜の需要曲線をあぶり出すことが可能です。図 2.4 の 2 つのグラフを重ねたものが図 2.5 です。

野菜の価格と販売量はスーパーなどでわかります。8 月の野菜の価格と生産量は図 2.5 における点 A が与えると考えられます。これは、獲れた野菜の量 a がそのまま出荷され、それが完売される価格Pで販売されることを意味しています。需要曲線と供給曲線 ① の交点だから均衡点を意味しているわけです。同様に、1 月、5 月、10 月の価格と生産量は、それぞれ点 B、C、D が与えると考えられます。これらの点 A、B、C、D はすべて

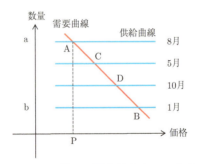

図 2.5 　野菜の需要曲線をあぶり出す

同一の需要曲線上の点たちですから、これらを結んだ曲線は需要曲線であると判断することができます。

現実のナスの需要曲線

農水省のデータを使って、ナス (茄子) の需要曲線を具体的に求めてみましょう。

表 2.1 は平成 25 年のナスの価格と販売量を月別に調べたものです。価格は 1 kg あたりの販売価格で、販売量は 10 店舗あたり 1 日あたりの量を kg で表したものです。(農水省のデータは 1 店舗あたりですが、10 店舗あたりにしました。グラフや関数の式を見やすくするためです)。

例えば、表 2.1 の 6 月を見てください。販売価格が kg あたり 530 円で、販売量が 10 店舗・1 日あたり 200 kg だと読み取れます。図 2.6 は、価格の動きと販売量の動きを月順に折れ線グラフにしたものです。青線は価格 (表 2.1 の真ん中の列) で、赤線は販売量 (表 2.1 の右側の列) です。この折れ線グラフを見れば、2 つの折れ線が逆の動きをしていることがわかります。すなわち、価格 (青線) が上がると販売量 (赤線) が下がり、価格が下がると販売量が上がることが見てとれます。

図 2.7 は、価格と販売量を座標とした点を打点したものです。12 ヶ月のデータがあるので 12 点あります。例えば、図中に矢印で示した点 (530, 200) は 6 月のデータを表す点です。横軸上の目盛りは 530 円で、これはナスの

現実のナスの需要曲線   29

表 2.1　平成 25 年のナスの価格と販売量

月	価格/kg	kg
1 月	684	90
2 月	622	100
3 月	589	120
4 月	568	150
5 月	552	180
6 月	530	200
7 月	569	240
8 月	537	250
9 月	544	220
10 月	624	150
11 月	675	100
12 月	741	70

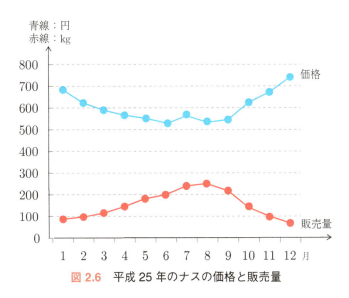

図 2.6　平成 25 年のナスの価格と販売量

6 月の価格を表し、縦軸上の目盛りは 200 kg で、これはナスの 6 月の販売量が 200 kg であることを表しています。

　点の散らばり方を眺めると、ほぼ右下がりとなっていることが見てとれるでしょう。これらの点を曲線で結んで赤い線が需要曲線だと考えられま

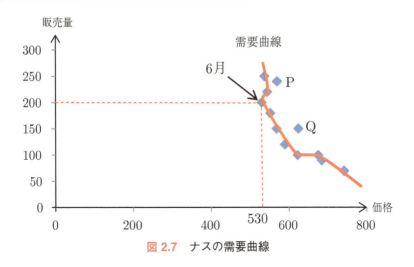

図 2.7 ナスの需要曲線

す。見てみると、確かに、右下がりの曲線になっています。ただし、点 P や点 Q は曲線で結ぶことができていません。

点 P や点 Q だけが例外だと判断するより、すべての点が需要側の偶発的な理由で本来の需要曲線からずれた、と考えるほうが自然です。販売期間の天候とかスーパーの営業状況などの理由です。そうすると、むしろ、図 2.8 のように点たちの中ほどを通過する直線が「**真実の需要曲線**」で、各点はそれから微妙にずれたと考えるほうが妥当でしょう。このような「中ほどを通過する直線」を統計学では**回帰直線**と呼びます。

> **点たちの中ほどを通る直線を回帰直線という。点たちは偶然性によって、この直線からずれて観測された**

と考えます。

回帰直線 DD' を式で書くと、だいたい、

$y = -0.78x + 627$

という 1 次関数になります。

ここで x は価格、y は販売量を表す変数です。この関数は、

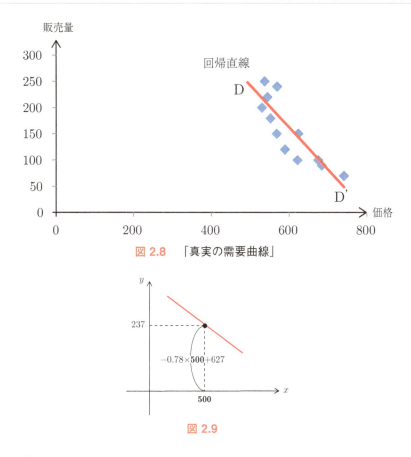

図 2.8 「真実の需要曲線」

図 2.9

▶ 価格 → 量

という対応関係を具体的な計算式で表しています。すなわち、

▶ (1 kg あたりの) 価格に (−0.78) を掛けて、627 を足すと、(10 店・1 日あたりの) 販売量となる

ことを表しています。例えば、価格が 500 円のとき、ナスがどのくらい売れるかは、

$$-0.78 \times 500 + 627 = -390 + 627 = 237$$

という計算から、237 kg であろうと予想できます (図 2.9)。

関数の式において x の係数が (-0.78) であることは、グラフの傾きがマイナスであることを示しています。そして、1 kg あたりの価格が 1 円上がると、販売量が 0.78 kg 減少することを意味します。

価格弾力性の計算の仕方

供給曲線のところで少し説明した「価格弾力性」をもう少し詳しく説明しましょう。表 2.1 の最初の部分だけを取り出しましょう。

表 2.2

月	価格/kg	kg
1 月	684	90
2 月	622	100

2 月から 1 月に表を読むと、

　価　格：622 円　→　　684 円
　販売量：100 kg　→　　90 kg

となっています。622 円 → 684 円の値上がり率は

　　$(684 - 622) \div 622 \times 100 = 9.967\% = 約 10\%$

100 kg → 90 kg の増加率は、

　　$(90 - 100) \div 100 \times 100 = -10\%$

後者の率の数値をマイナスからプラスに変え、それを前者の率で割った値を、「**需要の価格弾力性**」と呼びます。すなわち

　　$10 \div 10 = 1.0$

つまり、この場合のナスの「需要の価格弾力性」は 1.0 ということになります。これが意味するのは、「ナスの価格が 1% 上昇すると、ナスの販売量は 1% 減少する」ということです。

> 需要の価格弾力性が e であるとは、価格が 1% 上昇するとき販売量が e% 減少すること

需要の価格弾力性が意味することは、「商品の売れ行きが価格の変化にどの

くらい影響されるか」ということです。すなわち、

- 需要の価格弾力性が大きい→価格が上がると販売量が大きく減る → 価格に弾力的
- 需要の価格弾力性が小さい→価格が上がっても販売量はあまり減らない → 価格に非弾力的

ということになります。価格弾力性は、企業が商品の価格を設定する際に、非常に重要な役割を果たします。

注意：価格弾力性は、どの価格で計算するかによって異なる数値になる。

水とダイヤモンドの問題に答える

ここからは、需要・供給の原理の使い方について解説しましょう。

まず、第1講で紹介したアダム・スミスの問い「人間にとって欠かせない水が安く、人間の生存には無関係なダイヤモンドが高いのかがどうしてか」に、需要・供給の原理を用いて答えてみましょう。

普通は「限界原理」という概念を使って説明しますが、本書では価格弾力性を用いて説明します。

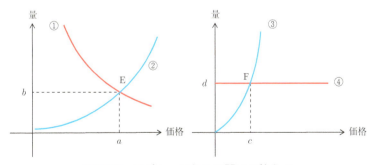

図 2.10　アダム・スミスの問いに答える

ダイヤモンドの需要曲線と供給曲線が図 2.10 の左図です。

ダイヤモンドは埋蔵量が少ないので、価格が高くなっても容易に供給量増やすことはできません。言い換えると、

➡ ダイヤモンドの供給の価格弾力性は小さい

ということ。したがって、供給曲線は図の曲線 ② となります (図は、価格弾力性が小さい一定値である曲線にしてあります)。この曲線はなかなか上がって行かないのが特徴です。これは価格が高くなっても (右に進んでも)、生産量があまり増えない (あまり上に行かない) ということを意味しています。すると、ダイヤモンドの均衡価格は図の a であり、ダイヤモンドの均衡価格が高いことがわかります。ちなみに、均衡取引量は図の b です。

他方、水の需要曲線と供給曲線が図 2.10 の右図です。

水は、消費者にとって、ある一定量は価格にかかわらず不可欠ですが、それ以上はほとんど必要ないでしょう。したがって、水の需要曲線はほぼ水平になります。これは価格が下がっても (左に進んでも)、購買量が増えない (上に行かない) ことを表します。言い換えると、

➡ 水の需要の価格弾力性は非常に 0 に近い

ということです。図の曲線 ④ が需要曲線であり、その一定の需要量は図中の d です。

また、供給曲線は ③ です。水は供給が簡単なので (山から汲んできて運ぶだけでいい)、価格が少しでも高くなればたくさん供給されることから、この曲線は急激に上昇します (価格弾力性が大きい一定値である曲線にしてあります)。

➡ 水の供給の価格弾力性は大きい

したがって、均衡価格は図中の c であり、水の価格が安いことがわかります。

このように答えてみると、ダイヤモンドが高く水が安いのは、「供給の難しさ」に依存しているのが見てとれます。言い換えると、供給曲線の上昇の急さの程度です。これは、専門的には **希少性** と呼ばれます。ダイヤモンドが高く水が安いのは、「世の中に稀か、ありふれているか」で決まり、それが生命活動に役立つかどうかで決まるのではない、ということです。

ただし、ダイヤモンドも、需要曲線の傾きが大きければ、安くなります。

図 2.11 を見てください。

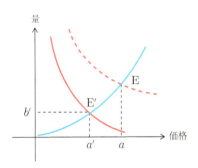

図 2.11 ダイヤモンドの需要曲線が急な傾きだったら

需要曲線 ① の下降が急になっています。これは、高くなると消費者の購買意欲が急激に小さくなる (需要の価格弾力性が大きい) ことを表しています。この場合は、均衡価格は a' となり、安価になります。

前に説明したように、商品の価格が決まる仕組みは、紙をハサミで切るとき上刃と下刃の両方を使うのと同じく、需要と供給のかねあいである、ということが確認されます。

参考：価格弾力性が一定の曲線については [発展] のところで説明します。

医師が免許制でなくなったら

需要・供給の原理の応用を、もう一つだけやってみましょう。医療サービスにアプローチしてみます。

医師は、国家試験に合格した人だけが従事できる資格職です。したがって、医師数は少なく、診察料が高いのが一般的です。このことを、需要・供給の原理から見てみましょう。

図 2.12 のグラフは、医療サービスの需要曲線と供給曲線です。横軸の p は、医療サービス (診療、治療、投薬、手術など) の 1 回に支払わなくてはならない金額、縦軸の q は供給されている医療サービスの量 (診療、検査、手術の回数など) とします。

現実の医療は、医師の人数が医学部出身で医師国家試験の合格者に制限

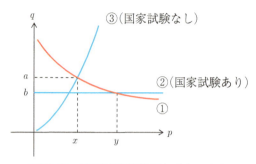

図 2.12　医師が免許制でなくなったら

されているため、供給は医療サービス価格によらず一定ですから、図の ② となります。また、医療の需要曲線は図の ① であり、この曲線がなかなか下がらないのは、いくら高くなっても病気の治療は受けないわけにはいかないから、購買量がほとんど減らないことを表しています。以上を価格弾力性の言葉でまとめると、

> 医療の供給の価格弾力性は 0 で、需要の価格弾力性は小さい

となります。

　このとき、医療の均衡価格は図の y となり、均衡取引量は図の b となります。均衡価格は高い水準になってしまいます。

　仮に医師が免許制でなく、一定の訓練を受ければ誰でも医師になれるようになった架空の世界を考えてみましょう。医療の供給の価格弾力性が大きくなるため供給曲線は図の ③ となるでしょう。このとき、均衡価格は x となり、y よりずっと安くなります。また、均衡取引量は a となり、b より少し多くなるでしょう。こうなれば、市民は安い価格で十分多くの医療サービスを受けられてハッピーになるように見えます。これは本当でしょうか。

　きっとそうではないでしょう。この場合、質の悪い医療や、偽物の医者などがはびこることになって、かえって医療サービスの質が落ち、状況は悪くなると考えるほうが妥当でしょう。このように、商品やサービスの特

質によっては、需要・供給の原理だけで判断することが妥当でなくなることもあることは、心得ておく必要があります。

第 2 講のまとめ

① 均衡点からずれた価格が付くと、均衡価格に引き戻させるような力が働く。
② 一般に需要曲線と供給曲線は観測できない。
③ 野菜の需要曲線は観測可能である。
④ 価格弾力性=(販売量の変化率) ÷ (価格の変化率)　（ただし、マイナスの場合はプラスに変える）
⑤ 価格弾力性が小さい→価格の変化にあまり反応しない　→　非弾力的
⑥ 価格弾力性が大きい→価格の変化に大きく反応する　→　弾力的

第 2 講の練習問題

1.　図 2.13 のグラフは、ある女子アイドルユニット所属のアイドルの需要曲線と供給曲線である。横軸の p は、企業 (芸能事務所) に対しては、アイドル 1 人が稼ぎ出す (平均の) 売り上げ (CD・ライブ・握手会など) であり、消費者 (アイドルファン) に対しては、アイドル 1 人のために使う総金額である。縦軸の q は、企業 (芸能事務所) に対しては、デビューさせるアイドルの人数であり、消費者 (アイドルファン) に対しては、推しメンとして支えるアイドルの総人数である。

　以下のカッコを適切に埋めよ。
(1) 供給曲線は (　　) である。これは、かわいい女子というのがクラスに 2 人程度の大量に存在し、また、アイドルは女子の憧れの職業であることから、供給が容易であることを表す直線である。このことは、直線が急な右 (　　) の直線になっていることに表れる。
(2) アイドルファンがごく一部の人々に限られる場合は、ある決まった数の人数のアイドルだけが必要とされ、その人数は金額と無関係である。この場合の需要曲線は (　　) であり、アイドルの人数は (　　) 人、アイドル 1

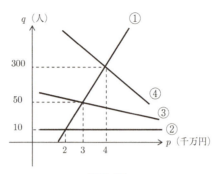

図 2.13

人が稼ぎ出す金額は ( ) 千万円である。

(3) アイドルファン層が (2) より広がり、支払う金額によって需要が変化するようになったケースの需要曲線が ( ) である。このとき、デビューするアイドルの人数は ( ) 人に増え、アイドル 1 人が稼ぎ出す金額も ( ) 千万円になる。

(4) 芸能事務所がアイドルブームを作り出すことに成功し、アイドル人気が国民的な広がりを見せたときが需要曲線 ( ) である。このとき、需要曲線は、かなり ( ) い位置からスタートして急激に右 ( ) りになる。このケースでは、デビューするアイドルは ( ) 人と膨大に増えるが、アイドル 1 人が稼ぎ出す金額は ( ) 千万円であって、そんなには増えない。その理由は、アイドル人気の大衆化の場合、需要の価格弾力性が ( ) く、支払う金額が増えると支えられるアイドルの人数が急激に ( ) するからである。

2. ある野菜の需要関数を $y = -1.5x + 600$ (x は価格 (円)、y は購買量 (kg)) とする。

(1) $x = 300$ のときの購買量を計算すると、

$y = -1.5 \times (\quad) + 600 = -(\quad) + 600 = (\quad)$kg

(2) $x = 330$ のときの購買量を計算すると、

$y = -1.5 \times (\quad) + 600 = -(\quad) + 600 = (\quad)$kg

(3) 300 円から 330 円への価格の値上がり率を計算すると、

{( ) − ( )} ÷ ( ) × 100 = ( ) パーセント

(4) (1) の購買量から (2) の購買量への増加率を計算すると、

{( ) − ( )} ÷ ( ) × 100 = −( ) パーセント

(5) (3) と (4) からこの野菜の需要の価格弾力性を計算すると、

( ) ÷ ( ) = ( )

[発展] 需要の価格弾力性と供給の価格弾力性の推定

価格弾力性が一定の曲線

35 ページの「参考」でちょっと触れましたが、価格弾力性が一定値 e の曲線は、

$$q = (定数) \times p^e$$

となります。指数 $e > 0$ のときが供給曲線、指数 $e < 0$ のときが需要曲線です。

図 2.13 は価格弾力性が一定の供給曲線の例です。2 次関数と 3 次関数の

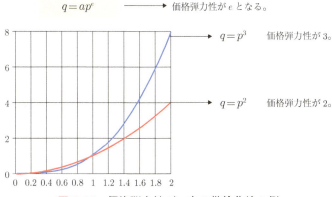

図 2.14　価格弾力性が一定の供給曲線の例

場合になります。どちらもそれなりになじみのある関数でしょう。

指数 e が負の場合には、関数は分数関数として定義されます。例えば以下のようです。

$$p^{-1} = \frac{1}{p}, \qquad p^{-2} = \frac{1}{p^2}, \qquad p^{-3} = \frac{1}{p^3}$$

したがって、価格弾力性が一定の需要曲線の例として次のようなものを挙げることができます。

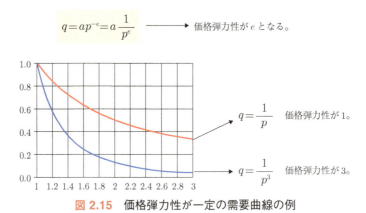

図 2.15　価格弾力性が一定の需要曲線の例

これらは分数関数なので、あまりなじみがないかもしれませんが、この際なので形状を覚えてみてください。

価格弾力性の推定

価格弾力性を統計学の手法で推定した研究があるので、紹介しましょう。

まず、需要の価格弾力性を推定した結果を紹介します (出典：神取『ミクロ経済学の力』p78)。

これは、需要曲線の価格弾力性一定を仮定し、需要曲線が次の式

$$q = a \times \frac{1}{p^e}$$

で表されるとして、推定したものです。推定結果は以下です。

表 2.3 需要の価格弾力性の推定

商品	ガス	牛肉	外食
需要の価格弾力性	0.205	0.944	1.318

　これを見ると、ガスの需要の価格弾力性が小さいことから、ガスは高くなってもそんなに需要が減らないことがわかります。必需的な商品ということです。他方、外食の価格弾力性はけっこう大きい。したがって、価格が高くなると急速に需要が減ることが予想されます。

　次に供給の価格弾力性を推定した研究を紹介しましょう。住宅供給の価格弾力性を地域別に推定したものです (出典：中島賢太郎、植杉威一郎、細野薫、水田岳志「都市雇用圏別不動産供給価格弾力性 (ベータ版) の推定値について」2018)。

　これは、供給の価格弾力性一定を仮定し、供給曲線が次の式

$$q = a \times p^e$$

で表されるとして、推定したものです。推定結果は以下です。

表 2.4 供給の価格弾力性の推定

地域	沖縄市	東京都	つくば市
住宅の供給の価格弾力性	0.47	1.02	1.17

　これは住宅価格が 1 パーセント上昇すると、供給が何パーセント上昇するかを表す数値です。つくば市は、弾力性が 1.17 ですから、かなり弾力的であることがわかります。一方、沖縄市は 0.47 ですから、価格上昇には住宅供給があまり反応しないことがわかります。

　24 ページで需要曲線や供給曲線を特定することが非常に難しいことを述

べました。これらの研究と矛盾するでしょうか。これらの研究は、「仮に弾力性が一定だとすれば」という仮定のもとで数値を統計的に推定しています。その際、24ページで生じるような問題を軽減するための統計的な工夫が導入されています。とは言っても、実際は、弾力性が一定であることは仮定されているだけなので、この曲線はあくまで近似的なものです。すなわち、商品の性質を比較検討するための目安の数値だと理解するべきでしょう。

第 3 講 オークションは どんな仕組みになっているか

オークションは、経済の箱庭

　前の2講では、「需要・供給の原理」について解説してきました。例にしたのは、ジュースや野菜の市場でした。どちらの場合でも、市場は非常に大きく、空間的には国全体に広がっています。規模が大きすぎて、消費者や企業が、どんな動機で売ったり買ったりするか、イメージするのは容易ではありません。「需要・供給の原理」が仮に働いているとしても、それが具体的にどんな風に働くのかを考えるのは至難の業です。

　そこで、この講では、もっと小さな市場に注目することにしましょう。それは、オークションによって商品を取引する市場です。

　オークションは、日本語では「競り」と呼ばれますが、今では「**オークション**」のほうが身近な言葉となっています。インターネットの普及によって、ヤフー・オークションなど、誰でも手軽にオークションに参加できるようになったからです。

　オークションとは、一つの場に売り手と買い手が集まって、価格についての駆け引きを行い、出品された商品を取引する場です。ネットオークションでは、参加者が遠く離れていることは可能ですが、同じWEBページ上で取引をする、という点で、一つの場に買い手と売り手が集まっています。そういう意味では、オークションは、国全体で商品を売り買いしている大域市場を、箱庭のように小さくしたものだと見なすことができます。

オークションという箱庭的な市場に注目することのメリットは、次のものです。

> (1) 国全体の市場と違って、売り買いのルールが明示的に決まっている。
> (2) 競り人 (オークショニアー) という特殊な仲介人が存在する。
> (3) 売り手と買い手の駆け引きによって均衡が決まる様子がはっきりと見える。
> (4) 駆け引きをシミュレートしやすい。

このようなオークションのメリットを存分に利用して、この講では、「需要・供給の原理」を新しい角度から眺めてみることにします。

オークションの種類

オークションとは、要するに、特定の品物を、それを売りたい人とそれを買いたい人々が駆け引きをして競り落とすゲームの総称です。オークションには、いくつかのやり方があります。

まず、公の場で実施され、参加者が互いに他の参加者の提示価格を知ることができる方式を、「**公開入札方式**」と言います。これには価格をコールする「競り人」が必要です。この方式では、競り人が値段を安いほうからつり上げていって売り手と買い手の人数を一致させる「イングリッシュ・オークション」と、逆に、高いほうからつり下げていって売り手と買い手の人数を一致させる「ダッチ・オークション」があります。豊洲の中央卸売市場ではこのようなオークションによって売買がなされています。水産物ではイングリッシュ・オークション、生花ではダッチ・オークションが用いられています。

価格をコールする競り人が存在せず、他の参加者の提示価格を知ることができないオークションの代表的なものに、「**封入入札方式**」があります。この方式では、参加者各自が自分の競り落としたい値段を他の入札者に知られないように書いて入札します。そして、落札の仕組みは2つあります。

第一は、一番高い価格を書いて入札した人が自分の書いた価格そのままで落札する「**ファーストプライス・オークション**」。第二は、一番高い価格を書いて入札した人が入札された中で二番目に高い価格で落札する「**セカンドプライス・オークション**」です。セカンドプライス・オークションが何を意味するかについては、あとで説明します。

　封入入札方式は、一般には買いたい人が出せる価格を入札するのですが、逆に、売り手のほうが売りたい価格を入札する「**逆オークション**」もあります。役所などの公的部門などが、建物を建てるのに業者を決める場合、あるいは、パソコンを納入する業者を選ぶ場合などに利用する方法です。この場合、最も安い売り価格を入札した業者が落札し、納入の権利を得ます。これを「**価格入札**」と呼びます（162ページのコラム「ゲーム理論を応用したリニエンシー制度」が関連します）。

　最も変わった方式としては、売り手と買い手両方が価格を提示する「**ダブル・オークション**」もあります。証券市場(株式を売買する市場)では、売り手と買い手の両方が売る価格と買う価格をそれぞれ提示し、両方の価格が一致した順優先で取引を成立させていく方式を採用しており、これはダブル・オークションの一種です。

　本書では、最初に挙げた、競り人が介在する方式、すなわち、「イングリッシュ・オークション」と「ダッチ・オークション」について、参加者の行動をシミュレートしてみることにします。

内的評価という考え方

　オークションをシミュレートする際に、最も重要なアイテムとなるのが、「**内的評価**」という数値です。「内的評価」とは、その品物の「欲しさ加減」を金額で表示した値のことです。支払意思額とも言います。いわば、「欲望の金銭化」とでも言うべきものです。内的評価は、ミクロ経済学の初歩の教科書ではあまり登場しませんが、経済学の論文には普通に出てくる概念ですから、決して突飛なものではないです。むしろ、ミクロ経済学入門の教科書で扱われる「効用関数」のようなアイテムより、ずっと役に立つ概念と言ってもいいです。

わかりやすさのために、ある美術品を競りあうことを考えましょう。

　まず、封入入札方式を想像してみます。A さんは 100 万円を、B さんは 80 万円を書いて入札するとしましょう。これは、この美術品を手に入れるために、A さんは 100 万円を B さんは 80 万円を支払うつもりがあることを意味します。この 100 万円が A さんの美術品に対する「内的評価」であり、80 万円が B さんの美術品に対する内的評価です。もちろん、現実の入札では、相手の手の内を推理し、かまをかけて、自分が支払うつもりの額よりも高く入札したり、安く入札したりすることもあるでしょう。これは**戦略**と呼ばれる考え方で、「ゲーム理論」という経済学の分野で分析されるものです。「ゲーム理論」は、あとの講で解説します。ここではそういう「戦略性」は考えず、両者とも払うつもりのある限界の金額を正直に入札していると仮定します。

　この封入入札では、ファーストプライス・オークションなら、A さんが 100 万円を支払って美術品を競り落とす結末になります。セカンドプライス・オークションでは、A さんが B さんの入札額 80 万円を支払って競り落とします。

　この場合、セカンドプライス・オークションとはどんな意味を持っているのでしょうか？　「内的評価」が「支払うつもりのある限界」であるということは、逆に言うと、それを超えてはびた一文支払うつもりはない、ということを意味します。このことを考えると、セカンドプライス・オークションの必然性がわかってきます。

　今、競り人 (オークショニアー) が、1 万円から初めて、価格をコールして行ったとしましょう。コールされた価格で買う意思のある人は手を挙げるルールです。80 万円のコールまでは、A さんも B さんも手を挙げています。そして、81 万円がコールされた瞬間、B さんが手を下ろし、手を挙げているのが A さんだけになります。この場合、A さんが 81 万円で落札します。コール価格が千円刻みなら、80 万 1 千円で A さんが競り落とすでしょう。これは、(ほぼ)B さんの入札価格、すなわちセカンドプライスで、A さんが落札することを意味します。コールのある公開入札で競り合う場合、内的評価の最も高い人が、二番目に高い人の価格 (よりわずかに

高い価格) で競り落とすことになるわけです。これと同じ結果を封入入札方式で実現するのが、セカンドプライス・オークションだというわけです。

以上のように、「内的評価」とは、封入入札方式で参加者が素直に入札する額です。コールがある公開入札では、挙げていた手を下ろす瞬間の価格が「内的評価」ということになります。

もちろん、現実の競りでは、「熱くなって」冷静さを失い、内的評価を超えても手を挙げてしまうこともありうるでしょう。以下では、このような「熱狂」がないことが前提で解説していきます。

買い手の行動をシミュレートする

以下、オークションのシミュレーションをしてみましょう。

今、何かの中古品、例えば、特定のマンガの古本 (初版本など) を売りたい人 5 人と買いたい人 5 人が一堂に会しているとしましょう。売りたい人は、各自 1 冊ずつ同じ古本を持ってきています。買いたい人は、各自、そのうちの 1 冊だけを欲しているとします。

オークションでは、競り人 (オークショニアー) が価格を叫ぶ (コールする) と、その価格で買いたい人と売りたい人が手を挙げます。売りたいと挙手している人と買いたいと挙手している人の人数が、初めて一致した時点でオークションは決着し、その時点で手を挙げている売り手と買い手だけが取引をすることになります。

ここで、「初めて」と言いましたが、「初めて」には二通りがあります。コール価格をだんだんつり上げていって「初めて」人数を一致させる場合と、だんだんつり下げていって「初めて」一致させる場合です。この 2 つの価格は、一致する場合もしない場合もあります。前者が「**イングリッシュ・オークション**」、後者が「**ダッチ・オークション**」です。

まず、買い手 5 人の内的評価が次だとしてみましょう。

表 3.1 買い手の内的評価

買い手	U さん	V さん	W さん	X さん	Y さん
内的評価	30	110	620	880	950

表では、買い手のXさんの古本に対する内的評価は880円となっています。この意味することは次のことです。

> Xさんは、この古本を手に入れるためには880円までなら払ってもいいと思っている。逆に言うと、古本を手に入れるために880円を超えては支払うつもりはない。

ここで注意することが2つあります。第一は、Xさんは古本をちょうど880円で買おうとしているわけではない、ということです。880円より安く買えるなら、もちろん喜んで買います。880円は代償として払えるぎりぎりの価格です。880円を超えた犠牲を払うつもりはない、ということです。第二は、この880円はこの古本の一般的な価格とは関係なく、「Xさんの心の中にある値踏み」、ということです。この古本を入手したいというXさんの欲望をかなえるために、Xさんがいくらまで金銭的犠牲を払えるか、を表す個人的な数値なのです。

このような買い手の内的評価は、買い手の心の中にあるものなので、普通は観測することができません。しかし、オークションという手続きを実施すると、買い手の内的評価は次のような行為から表に顕示されます。

> 買い手Xさんは、競り人が880円より低い価格をコールしている場合は手を挙げ、880円を超える価格をコールしている場合は手を下げる。

(ちなみに、ちょうど880円のときは手を挙げても下げてもいいのですが、このシミュレーションでは、880円がコールされることはないので無視することとします)。

880円未満なら、その金額を失う犠牲を払うつもりでいるので、手を挙げます。880円を超えた価格コールで手を挙げていると、もしもオークションが成立してしまったら、880円を超えた価格で購入するはめになりますから手を挙げません。このように、オークションにおいて、競り人が価格コールをすると、参加者の心の中にある内的評価が表に顕示されることになるのです。

したがって、買い手全員の内的評価が設定されると、競り人が価格をコールしたときに、どの人が手を挙げるかがはっきり決まります。

例えば、競り人が、400円をコールしたときは、誰が手を挙げるでしょうか。それは、この古本について400円より高い内的評価を持っている人です。それは、表3.1からWさん、Xさん、Yさんの三人です。それぞれ、620円、880円、950円の内的評価を持っており、それらの価格より安い400円で入手できるなら嬉しい、ということで、手を挙げます。

以下、競り人が0円からスタートして、100円刻みで価格を上げて行く場合に、手を挙げている人の名称と、総人数を表にしてみます。

表3.2を見ながら読んでください。まず、0円がコールされたとき、5人全員が手を挙げます。タダでもらえるなら、誰もが喜んでもらうからです。100円がコールされると、Uさんが早くも手を下ろします。Uさんの古本の内的評価はたったの30円なので、100円も出すつもりがないからです。手を挙げている人は4人となります。200円がコールされると、Vさんも手を下げ脱落し、手を上げているのは3人になります。コール価格がVさんの内的評価110円を超えたからです。このあと、競り人がコール価格を100円ずつ上げていっても、600円まではWさん、Xさん、Yさんの3人は手を上げたままです。コール価格より高い内的評価を持っているからです。700円がコールされると、内的評価が620円のWさんが脱落し、手を挙げているのは2人になります。次の脱落は900円がコールされたときに、Xさんに起きます。手を挙げている人はYさん1人です。そのYさんも、1000円がコールされたところで脱落し、手を挙げている人は0人に

表3.2 手を挙げている買い手。○→手を挙げる、×→手を挙げない

U(30)	○	×	×	×	×	×	×	×	×	×
V(110)	○	○	×	×	×	×	×	×	×	×
W(620)	○	○	○	○	○	○	○	×	×	×
X(880)	○	○	○	○	○	○	○	○	×	×
Y(950)	○	○	○	○	○	○	○	○	○	×
コール	0	100	200	300	400	500	600	700	800	900	1000
人数	5	4	3	3	3	3	3	2	2	1	0

なります。

これは、あくまで、買い手の挙手のスケジュールであって、現実には最後までは進行しません。途中で、買い手と売り手との人数のマッチが起きて、決着がついてしまうからです。この表は、売り手のことを無視して、買い手でだけで練習をした場合の進行を表しています。

表3.2の最下部の2行は、需要曲線を意味しています。この古本について、「価格がいくらなら、何冊が欲せられるか」のスケジュールを表しているからです。

売り手の行動をシミュレートする

次に、売り手の行動をシミュレートしましょう。

5人の売り手Aさん、Bさん、Cさん、Dさん、Eさんの内的評価を表3.3とします。

表3.3 売り手の内的評価

売り手	Aさん	Bさん	Cさん	Dさん	Eさん
内的評価	210	330	450	770	1020

売り手の内的評価も、基本的には買い手の場合と同じです。例えば、Cさんの古本への内的評価が450円ということは、Cさんはこの本に450円の価値を見いだしている、という意味です。このときの売り手にとっての古本の価値とは、「自分でもう一度読んで楽しむことができる価値」とか、「所持しているということで得られる満足感」を金銭で評価したものと考えます。売り手の内的評価は、買い手のそれに対して多少の修正が必要です。

> Cさんは、この古本を450円より高い金額なら手放してもいいと思っている。逆に言うと、古本を450円より低い金額で手放すなら、自分で持っていたほうがいい

と考えている。

このことから、行動への顕示も、買い手の場合と逆になります。次です。

> 売り手 C さんは、競り人が 450 円より低い価格をコールしている場合は手を挙げないで、450 円を超える価格をコールしている場合は手を挙げる。

したがって、例えば、500 円とコールされた場合は、内的評価が 500 円よりも低い、A さん、B さん、C さんが手を挙げる。古本を手放して 500 円を得たほうが得だと考えるからです。

それでは、買い手のときと同じように、競り人が 0 円から 100 円刻みで価格をコールしていくときの、手の挙がる様子をシミュレートしてみましょう（表 3.4）。

表 3.4 売り手のシミュレーション

E(1020)	×	×	×	×	×	×	×	×	×	×	◯
D(770)	×	×	×	×	×	×	×	◯	◯	◯	◯
C(450)	×	×	×	×	×	◯	◯	◯	◯	◯	◯
B(330)	×	×	×	×	◯	◯	◯	◯	◯	◯	◯
A(210)	×	×	×	◯	◯	◯	◯	◯	◯	◯	◯
コール	0	100	200	300	400	500	600	700	800	900	1000	1100
人数	0	0	0	1	2	3	3	3	4	4	4	5

まず、0 円、すなわちタダなら、誰も手を挙げません。200 円までのコールでは誰も手を挙げません。全員の内的評価が 200 円より高いからです。300 円がコールされると、内的評価 210 円を上回ったので、A さん 1 人が手を挙げます。400 円がコールされると、内的評価が 330 円の B さんも手を挙げ、挙手している人は 2 人になります。500 円のコールで、さらに C さんも加わり、挙手は 3 人になり、そのまま 700 円まで同じ人数となります。800 円がコールされると D さんが 4 人目として挙手します。1100 円がコールされると、最後の E さんも手を挙げ全員が挙手していることになります。

これは、コール価格が上がるにしたがって、挙手人数が増えていく様子をシミュレートしています。買い手のときと同じように、実際のオークションでは最後まで進行することはありません。途中でマッチングが起きて、

オークションが成立して終わってしまうからです。この表は、売り手だけで練習をした場合の進行というべきものです。

表 3.4 の最下部の 2 行は、供給曲線を意味しています。この古本について、「価格がいくらなら、何冊が売りたがられるか」のスケジュールを表しているからです。

イングリッシュ・オークションの均衡

オークションが決着する価格を「**均衡価格**」と呼びます。また、そのとき、取引される商品の数を「**均衡取引量**」と言います。最初に、価格をつ

表 3.5 イングリッシュ・オークションの進行

コール	0
買い手	5
売り手	0

需要超過

コール	0	100
買い手	5	4
売り手	0	0

需要超過

コール	0	100	200
買い手	5	4	3
売り手	0	0	0

需要超過

コール	0	100	200	300
買い手	5	4	3	3
売り手	0	0	0	1

需要超過

コール	0	100	200	300	400
買い手	5	4	3	3	3
売り手	0	0	0	1	2

需要超過

コール	0	100	200	300	400	**500**
買い手	5	4	3	3	3	**3**
売り手	0	0	0	1	2	**3**

均衡！

り上げていく、イングリッシュ・オークションの「均衡」を考えます。

表3.5を見てください。上から順に、0円、100円、200円、300円、400円、500円とコールされていく様子が示されています。最初の5回のコールでは、買い手のほうが売り手よりも挙手の人数が多いので、オークションは決着しません。買い手の人数が上回っているので、これを「**需要超過**」と呼びます。そして、6回目に500円がコールされた瞬間、挙手している人数は5人ずつで一致します。これがイングリッシュ・オークションの決着となり、「**均衡**」です。

→ 「**均衡価格**」は500円、「**均衡取引量**」は3冊

となります。ちなみに、買うことのできた買い手はWさん、Xさん、Yさんの3人で、UさんとVさんは買うことはできませんでした。売ることのできた売り手はAさん、Bさん、Cさんの3人で、DさんとEさんは売ることができませんでした。

ダッチ・オークションの均衡

次に、価格をつり下げていくダッチ・オークションの均衡を求めてみましょう。

表3.6のように、表を高い価格のほうから延ばしていきます。

1100円から700円までは、常に、売り手の挙手数のほうが買い手の挙手数を上回っているので、決着になりません。売り手のほうが上回っているので、これを「**供給超過**」と呼びます。600円がコールされた瞬間、買い手の挙手数と売り手の挙手数がともに3人で一致するので、ダッチ・オークションが決着され、均衡が実現します。

→ **ダッチ・オークションの均衡価格は600円で、均衡取引量は3冊**

ということになります。

このように、イングリッシュ・オークションとダッチ・オークションでは、若干、均衡価格が異なる可能性があります。一般に、

表 3.6　ダッチ・オークションの進行

1100	コール
0	買い手
5	売り手

供給超過

1000	1100	コール
0	0	買い手
4	5	売り手

供給超過

900	1000	1100	コール
1	0	0	買い手
4	4	5	売り手

供給超過

800	900	1000	1100	コール
2	1	0	0	買い手
4	4	4	5	売り手

供給超過

700	800	900	1000	1100	コール
2	2	1	0	0	買い手
3	4	4	4	5	売り手

供給超過

600	700	800	900	1000	1100	コール
3	2	2	1	0	0	買い手
3	3	4	4	4	5	売り手

均衡！

> イングリッシュ・オークションのほうが均衡価格が安いので買い手に有利。ダッチ・オークションのほうが均衡価格が高いので売り手に有利

となります。

オークションの需要曲線・供給曲線

　表3.2と表3.4から、コールされた価格に対する挙手の人数を抜き出し、合体させてみましょう。それが、表3.7になります。

　真ん中の行は、コールされた価格で買うつもりのある人の人数を表して

表 3.7 オークションの需要と供給

コール	0	100	200	300	400	500	600	700	800	900	1000	1100
需要量	5	4	3	3	3	3	3	2	2	1	0	0
供給量	0	0	0	1	2	3	3	3	4	4	4	5

います。実際に買うことができる人数ではないことに注意してください。あくまで、購買希望の人数ということです。したがって、これは、第2講において需要量と呼んでいたものに対応します。

他方、一番下の行は、コールされた価格で売るつもりのある人の人数を表しています。同様に、実際に売ることができる人数ではありません。あくまで、販売希望の人数ということです。これは、供給量に対応します。

したがって、これをグラフに描けば、需要曲線と供給曲線が出てくることになります。それが、図 3.1 です。

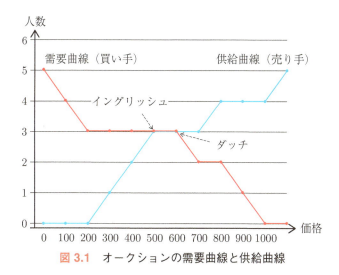

図 3.1 オークションの需要曲線と供給曲線

需要曲線は右から左に向けてだんだん下がっていく曲線（赤）です。これは、コールされる価格が高くなると、買いたいと手を挙げる人がだんだん少なくなっていくことを表しています。他方、右から左に向けてだんだ

ん上がっていく曲線（青）が供給曲線です。これは、コールされる価格が高くなると、売りたいと手を挙げる人がだんだん多くなっていくことを表します。

　下降する曲線と上昇する曲線は途中で交わります。この場合は、2点で交わっています。どちらも均衡点に対応します。左側の交点がイングリッシュ・オークションの均衡点で、右側がダッチ・オークションの均衡点です。つまり、

> オークションでは、競り人のコールによって、需要のスケジュールと供給のスケジュールを「見える化」し、均衡点で強制的に取引を実行する

ということです。

　オークションでは、需要曲線と供給曲線がはっきりと浮き上がり、均衡点が目に見えるようになります。このようにオークションは、需要曲線、供給曲線がはっきりわかる特別なケースになっています。これは、競り人という第三者が介在して価格をコールする、という特殊な仕組みになっているからです。ただし、どちらのオークションにしても、マッチングが起きて均衡が達成されるまでの需要曲線と供給曲線しかわかりません。

　他方、世の中の一般の市場では、競り人は存在しませんし、価格のコールというのは行われませんから、第2講で述べたように、需要曲線と供給曲線を観測するのは困難です。

第3講のまとめ

① オークションは、箱庭のような小さい市場で、需要と供給を調整する仕組み。
② オークションに参加する人々は、商品に対する内的評価を考慮して行動する。
③ 内的評価とは、その商品が自分にとって個人的にどのくらいの価値があるかを金銭で表したもの。

④ イングリッシュ・オークションとダッチ・オークションでは、人数一致原則によって価格を決める。
⑤ イングリッシュ・オークションとダッチ・オークションでは、マッチした価格が均衡価格に対応し、そのときの取引量が均衡取引量に対応する。

第 3 講の練習問題

1. テレビのあるバラエティ番組で、「イケメン俳優 O さんと一日デートできる権利」のオークションを行った。競り人が低い価格からつり上げていって、手を挙げている人がただ一人になった瞬間にマッチするオークションだ。このとき、ある女性がこれを 100 万円で競り落とした。次のうちの正しい選択肢をすべて選べ。
(ア) この女性のこの権利に対する内的評価は 100 万円以上である。
(イ) この女性のこの権利に対する内的評価はちょうど 100 万円である。
(ウ) この女性のこの権利に対する内的評価は 100 万円未満である。
(エ) この女性以外の参加者のこの権利に対する内的評価は 100 万円以上である。
(オ) この女性以外の参加者のこの権利に対する内的評価は 100 万円未満である。

2. 妖怪ウォッチの妖怪メダル (同一物) のオークションに、5 人の買い手と売り手が集まった。5 人の買い手は、U くん、V くん、W くん、X くん、Y くんで、それぞれの内的評価は表 3.8 のようになっている。オークショニアー (競り人) が、0 円からコールをスタートし、100 円刻みでコールする額を上げていくとする。

表 3.8

買い手	U くん	V くん	W くん	X くん	Y くん
内的評価	90 円	220 円	350 円	630 円	740 円

第 3 講 オークションはどんな仕組みになっているか

(1) 0 円がコールされたとき、手を挙げる買い手の名称をすべて答えよ。
答え：
(2) 100 円がコールされたとき、手を挙げる買い手の名称をすべて答えよ。
答え：
(3) X くんが初めて手を下げるのは、(　　) 円をコールされたときである。
(4) 最後の 1 人が手を下げ、手を挙げている人が 1 人もいなくなるのは、(　　) 円がコールされたときである。
(5) 各価格がコールされた際の、手を挙げている買い手の人数 (表 3.9) を記入せよ。

表 3.9

コール	0 円	100 円	200 円	300 円	400 円	500 円	600 円	700 円	800 円
人数									

(6) 売り手の内的評価は表 3.10 のようだとする。(5) の解答と合わせて、需要と供給の表 (表 3.11) を埋めよ。

表 3.10

売り手	A くん	B くん	C くん	D くん	E くん
内的評価	120 円	310 円	550 円	690 円	780 円

表 3.11

コール	0 円	100 円	200 円	300 円	400 円	500 円	600 円	700 円	800 円
需要量									
供給量									

(7) カッコを適切に埋めよ。
0 円から価格をつり上げていくイングリッシュ・オークションの均衡価格は (　　) 円であり、均衡取引量は (　　) 個である。また、購入できた買い手の名前は (　　) であり、販売できた売り手の名前は (　　) である。また、1000 円から価格をつり下げていくダッチ・オークションの均衡価格は (　　) であり、均衡取引量は (　　) 個である。また、購入できた買い手の名前は (　　) であり、販売できた売り手の名前は (　　) である。

第4講
売った人の得、買った人の得
～余剰の考え方

売った人も買った人も得をする

　第2講では、消費者と企業の売り買いを描写しました。それは需要曲線と供給曲線の交点(均衡点)によって取引が決まる、ということでした。第3講では、よりリアルなシチュエーションとして、オークションでの買い手と売り手との取引をシミュレーションしました。オークションにおいては、売り手と買い手のマッチング(均衡点)によって取引が決まるルールとなっています。オークションにおける均衡点は、需要曲線と供給曲線の交点と同じ意味を持っていました。

　均衡点による取引は、前者においては「そのようになっている」、後者では「そういうルール」ということなのですが、実は、大きな必然性があります。それは、

> (1) 均衡点での取引では、買い手と売り手の双方が得をする。
> (2) 取引における買い手と売り手の得は、それぞれ数値で表せる。
> (3) 買い手と売り手の得の合計は、均衡点での取引において最大になる。

という3点です。

　第一の点は、直観で考えても、「あたりまえだろう」と思えます。なぜな

ら、市場社会では売り買いは強要されないので、「取引に応じたということは、得になっているはず」と考えられるからです。

しかし、第二の点は少し驚きでしょう。企業については、確かに、売り買いで得した分が数値で表せます。それは「**利潤**」(儲けのこと)で表されるからです。しかし、消費者について、あるいは、オークションでの買い手と売り手については、得した分が数値で表せる、というのは不思議です。実際、私たちが商品を買ったとき、「○○円得した」などと決して考えないからです。

第三の点に至ると、想像が及ばないでしょう。これは、ミクロ経済学にとって最も重要な性質です。均衡点での取引は、均衡点でないすべての取引に比べて、「ある意味で最善」となるからです。市場での売り買いの場合、均衡点での取引が自律的に実現されると考えますから、「**市場は最も良い取引を自動的に実現させている**」ことになります。オークションによる売り買いでは、均衡点で取引が強制的に実行されるルールとなっていましたから、「**オークションは、最も良い取引を強制的に実現させる仕組み**」だということになります。

以下、この3つの点について詳しく解説して行きましょう。

オークションでの「得」を計算する

商品の売買での買い手や売り手の得を、「**余剰**」と呼びます。これらがどのように数値で表されるか、まず、オークションのほうで解説します。

第3講で解説したセカンドプライスオークションの例に戻りましょう。ある美術品のオークションにおいて、Aさんは最も高い価格100万円を、Bさんは2番目に高い価格80万円を書いて入札するとしましょう。これは、この美術品を手に入れるために、Aさんは100万円まで、Bさんは80万円まで、支払うつもりがあることを意味します。この100万円がAさんの美術品に対する「内的評価」であり、80万円がBさんの美術品に対する内的評価でした。

セカンドプライスオークションでは、一番高い金額を入札したAさんが、2番目に高い入札額(Bさんの入札額)80万円で落札することになります。

このとき、A さんはこう考えるでしょう。「自分は 100 万円まで出してもいいと考えていた。それが 80 万円で手に入った。20 万円の得をした」と。この 100−80=20 万円が、A さんの余剰となります。この場合、

▶ **(A さんの余剰)=(A さんの入札額)−(2 番目に高い入札額)**

であり、言い換えると、

▶ **(A さんの余剰)=(A さんの内的評価)−(支払額)**

ということになります。心の中での評価額が、実際の購入価格を上回っている分が、買い手の余剰になります。

消費者余剰と生産者余剰

これを踏まえて、イングリッシュ・オークションでの買い手の余剰を考えましょう。買い手の内的評価は表 4.1 のようになっていました。

表 4.1 古本に対する買い手の内的評価

買い手	U さん	V さん	W さん	X さん	Y さん
内的評価	30	110	620	880	950

また、イングリッシュ・オークションにおける均衡価格は 500 円で、W さん、X さん、Y さんの 3 名が購入できました (53 ページ)。このとき、買い手 5 人の余剰をそれぞれ計算してみましょう。

Y さんは、内的評価 950 円の古本を 500 円で買うことができました。自分では 950 円の価値がある、と内心で思っている古本を 500 円の対価で手に入れたのだから、

950 − 500 = 450 円

の得をした、と考えられます。これを「**消費者余剰**」と呼びます。すなわち、

▶ **(消費者余剰)=(内的評価)−(支払額)**

ということです。もう一度計算すると、
 (Yの消費者余剰)＝(内的評価)−(支払額)＝950−500＝450円
ということです。

同様にして、XさんとWさんの消費者余剰は、
 (Xの消費者余剰)＝(内的評価)−(支払額)＝880−500＝380円
 (Wの消費者余剰)＝(内的評価)−(支払額)＝620−500＝120円
となります。他方、Uさん、Vさんは、取引に参加できなかったので、消費者余剰は0となります。
 (Uの消費者余剰)＝0円
 (Vの消費者余剰)＝0円
以上を表にまとめると、次のようになります。

表4.2 オークションでの買い手の余剰

買い手	Uさん	Vさん	Wさん	Xさん	Yさん
内的評価	30	110	620	880	950
支払い価格			500	500	500
消費者余剰	**0**	**0**	**120**	**380**	**450**

このとき、買い手全員の余剰を合計したものを、「**消費者総余剰**」と呼びます。消費者総余剰とは、取引によって消費者全員が得た総額です。
 (消費者総余剰)＝450＋380＋120＋0＋0＝950円

次の売り手の余剰のほうを計算してみましょう。第3講のオークションの売り手の内的評価は、表4.3のようになっていました。

表4.3 売り手の内的評価

売り手	Aさん	Bさん	Cさん	Dさん	Eさん
内的評価	210	330	450	770	1020

イングリッシュ・オークションにおいて、価格が500円に決まった場合のAさんの「得」を計算してみます。Aさんは、自分の持っている古本を

210円の価値だと値踏みしています。言い換えると、古本を所有していることで、読み返したり所有したりしている満足が210円の金額に相当する、ということです。したがって、210円より安い価格で手放すつもりはありません。210円を超えて得られるなら売ってもいいと考えているわけです。

すると、500円で古本が売れた場合、自分に210円相当の満足を与える古本を手放して、500円の現金を手に入れたわけですから、500 − 210 = 290円の得をしたことになります。これが売り手Aさんの「**生産者余剰**」です。生産者余剰は、

▶ (生産者余剰)＝(販売額)−(内的評価)

で計算されます。もう一度計算すれば、

(Aの生産者余剰)＝ (販売額) − (内的評価) = 500 − 210 = 290円

同様に、売り手BさんとCさんの生産者余剰を計算すると、

(Bの生産者余剰)＝ (販売額) − (内的評価) = 500 − 330 = 170円

(Cの生産者余剰)＝ (販売額) − (内的評価) = 500 − 450 = 50円

売り手の余剰の計算方法が、買い手の場合と逆の引き算になっていることに注意してください。買い手では、内的評価から価格を引きましたが、売り手では、価格から内的評価を引いています。

他方、売り手CさんとDさんは、500円がコールされたとき、手を挙げていないので売ることができませんでした。したがって、余剰は0円となります。

(Dの生産者余剰)= 0円

(Eの生産者余剰)= 0円

以上をまとめる、表4.4となります。

表4.4 オークションでの売り手の余剰

売り手	Aさん	Bさん	Cさん	Dさん	Eさん
内的評価	210	330	450	770	1020
販売価格	500	500	500		
余剰	290	170	50	0	0

このとき、売り手全員の余剰を合計したものを、「**生産者総余剰**」と呼びます。生産者総余剰とは、取引によって生産者全員が得した総額です。

(生産者総余剰) $= 290 + 170 + 50 + 0 + 0 = 510$ 円

最後に消費者総余剰と生産者総余剰を合計した金額を単に「**総余剰**」と呼びます。

▶ (総余剰)＝(消費者総余剰)＋(生産者総余剰)＝950＋510＝1460 円

総余剰は、オークションによる取引者が手に入れる得の総額を表します。

均衡取引は、なぜ最適なのか？

表 4.2 と表 4.4 を眺めれば、最初に提示した 2 つの点、

▶ 均衡点での取引では、買い手と売り手の双方が得をする
▶ 取引における買い手と売り手の得は、それぞれ数値で表せる

は理解できたことと思います。残るは、3 点目、

▶ 買い手と売り手の得の合計は、均衡点での取引において最大になる

です。このことを理解するために、前節のイングリッシュ・オークションにおいて、仮に、均衡点でない価格でマッチングさせた場合を考えてみることにしましょう。

例えば、均衡価格の 500 円より安い価格、400 円で強制的にマッチングさせたとします。この場合、売り手の C さんは手を挙げません。内的評価が 450 円だからです。すると、手を挙げる買い手は 3 人、手を挙げる売り手が 2 人となってしまいます。売り手の提供する古本は 2 冊となってしまうので、手を挙げている買い手 3 人全員が古本を手に入れることができません。この場合、くじ引きとか、早い者順とかで買える人を決めることになるでしょう。今は、余剰の大きさを考えているので、ここでは、古本に高い内的評価を付けている X さんと Y さんが買えた、と仮定します。

表 4.5 を見てください。W さんが買えなくなったことより、W さんの余剰は 0 円に変わります。他方、支払額が 500 円から 400 円に下がったこ

とによって、XさんとYさんの余剰は値下がり分100円ずつ大きくなっています。

表4.5　均衡価格より安いときの買い手の余剰

買い手	Uさん	Vさん	Wさん	Xさん	Yさん
内的評価	30	110	620	880	950
支払い価格				400	400
消費者余剰	0	0	0	480	550

　消費者総余剰は、XさんとYさんにおける増加分の合計が200円、Wさんにおける減少分が120円なので、差し引きで80円の増加となります。
　次に、生産者余剰のほうを検討してみましょう。表4.6を見てください。

表4.6　均衡価格より安いときの売り手の余剰

売り手	Aさん	Bさん	Cさん	Dさん	Eさん
内的評価	210	330	450	770	1020
販売価格	400	400			
余剰	190	70	0	0	0

　Cさんが売ることができなくなったため、Cさんの余剰が0円となります。また、AさんとBさんは売値が100円値下がりしたため、余剰は100円ずつ減少しています。したがって、生産者総余剰は、AさんとBさんの余剰の減少分200円と、Cさんの余剰の減少分50円を合計した250円の減少となります。
　この結果を見ると、消費者総余剰は80円の増加、生産者総余剰は250円の減少となるので、合計すると、総余剰は、+80 − 250 = −170の変化、つまり、170円分減少することとなりました。すなわち、取引価格を均衡価格より下げた場合に、総余剰は減少することとなったのです。
　しかし、これだけでは、「均衡価格より下げると、総余剰が減少する」ことが一般的かどうかは判断できません。生産者総余剰は減少していますが、

消費者総余剰は増加しているからです。ひょっとすると、消費者総余剰の増加が生産者総余剰の減少を埋め合わせ、プラスになることが起きるかもしれません。けれども、そうなることは絶対ないのです。上記の計算を、もうちょっと詳しく検討することによって、それを明らかにできます。

まず、消費者総余剰の増減は、2つの部分に分解できます。第一は、支払い額が100円下がることで古本を買えた人の余剰が大きくなる分、第二は、買うことのできなくなったWさんの余剰が失われる分です。すなわち、

➡ (消費者総余剰の増減)=(値下がりによる増加)+(取引できなくなることでの減少)

これを計算すると、

➡ (値下がりによる増加)+(取引できなくなることでの減少)=$100 \times 2 + (-120)$

同様に、生産者総余剰の増減も、2つの部分に分解できます。第一は、販売額が100円値下がりすることで古本を売ることができた人の余剰が少なくなる分、第二は、売ることができなくなったCさんの余剰の減少する分です。すなわち、

➡ (生産者総余剰の増減)=(値下がりによる減少)+(取引できなくなることでの減少)

これを計算すると、

➡ (値下がりによる減少)+(取引できなくなることでの減少)=$(-100) \times 2 + (-50)$

ここで、双方の第一部分が相殺することに注意しましょう。

➡ (値下がりによる増加)+ (値下がりによる減少)=0

なぜなら、価格が低下する分は、売り手から買い手への利益の移転と同じだからです。したがって、合計である総余剰の増減は、

> (総余剰の増減)=(取引できなくなることでの減少)

となって、必ず、マイナスとなるわけです (生産者および消費者にとっての減少分を合算した減少分になっていることに注意)。

同様のことが、取引価格を均衡価格より高くしたときにも起きます。取引価格を均衡価格より高くすると、買いたい人が減ります。他方、値上がりは、買い手から売り手への利益の移転を引き起こします。この場合を、具体例なしで結論だけ書くと、

> (消費者総余剰の増減)=(値上がりによる減少)+(取引できなくなることでの減少)

> (生産者総余剰の増減)=(値上がりによる増加)+(取引できなくなることでの減少)

と

> (値上がりによる増加)+ (値上がりによる減少)=0

とから、先ほどと同じ式、

> (総余剰の増減) =(取引できなくなることでの減少)

が出てきます (生産者および消費者にとっての減少分を合算した減少分になっていることに注意)。したがって、この場合も、総余剰の増減は必ずマイナスになります。以上の分析によって、オークションにおいて均衡価格で取引することが、総余剰を最大化することが確認されました。

生産者余剰を図示する

以上で余剰を数値として表現する方法の解説を終えますが、一般の市場取引では具体的な余剰計算は困難です。そのため、ミクロ経済学では、余剰を図示する方法を使います。これを理解するために、これまでの古本のオークションの例において、余剰を図示してみましょう。

図 4.1 を見てください。3 つの長方形のうち、一番下の長方形に注目し

第 4 講　売った人の得、買った人の得〜余剰の考え方

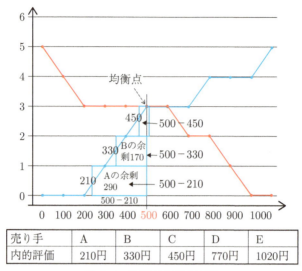

図 4.1　生産者余剰の図示

ます。供給曲線は、A さんが手を挙げる 200 円から 300 円のところで斜めに 1 だけ上昇します。横軸でこの間にある 210 円が A さんの内的評価です。したがって、この 210 円のところと均衡価格の 500 円のところに辺を持つ長方形を作ります (一番下の長方形)。この長方形は、

(横の辺の長さ) = 500 − 210 = (A さんの生産者余剰)

(縦の辺の長さ) = (新しく手を挙げた人数) = 1

ですから、面積について、

(一番下の長方形の面積) = (A さんの生産者余剰) × 1
= (A さんの生産者余剰)

となります。下から二番目の長方形についても同じことが成り立ちます。すなわち、

(横の辺の長さ) = 500 − 330 = (B さんの生産者余剰)

(縦の辺の長さ) = (新しく手を挙げた人数) = 1

(下から二番目の長方形の面積) = (B さんの生産者余剰) × 1
= (B さんの生産者余剰)

同様に、下から三番目の長方形についても、

(下から三番目の長方形の面積) = (C さんの生産者余剰)

となります。以上をまとめると、

▶ **生産者余剰は内的評価と均衡価格のところに辺を持つ長方形の面積**

ということがわかります。

この例では、本の売り手(供給側)がたったの5人なので、生産者総余剰は3つの長方形の面積の和となっています。しかし、一般の市場取引では非常にたくさんの供給者が存在するので、生産者余剰を表す長方形は非常に小さくなり、無数にできます。したがって、生産者総余剰は、図4.2のような三角形の面積になると想像できるでしょう(具体的には、数学における積分で表現されます)。

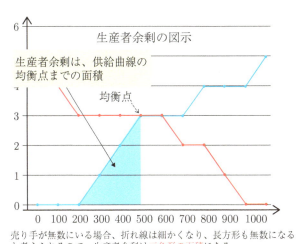

売り手が無数にいる場合、折れ線は細かくなり、長方形も無数になると考えられるので、生産者余剰は三角形の面積になる。

図 4.2 たくさんの供給者がいる場合の生産者総余剰

したがって、一般的な商品では、

▶ **生産者総余剰=(均衡点より左側の供給曲線が横軸と挟む面積)**

となります。

消費者余剰を図示する

次に、消費者余剰を図示しましょう。

図 4.3 を見てください。

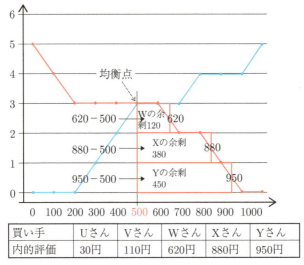

図 4.3 消費者余剰の図示

ここでも消費者余剰は長方形で表されますが、今度は需要曲線が均衡点を通り過ぎたところに作られます。説明は生産者余剰と同じなので、結果だけ書きます。

一番上の長方形については、

(横の辺の長さ) $= 620 - 500 =$ (W さんの消費者余剰)

(縦の辺の長さ) $=$ (新しく手を下げた人数) $= 1$

(一番上の長方形の面積) $=$ (W さんの消費者余剰) $\times 1$

$=$ (W さんの消費者余剰)

です。同様にして、

(上から二番目の長方形の面積) = (X さんの消費者余剰)
(上から三番目の長方形の面積) = (Y さんの消費者余剰)

以上をまとめると、

→ 消費者余剰は内的評価と均衡価格のところに辺を持つ長方形の面積

ということがわかります。

　消費者が非常にたくさんいる場合は、長方形は非常に小さくなり、無数にできます。したがって、消費者総余剰は、図 4.4 のようになると想像できるでしょう。

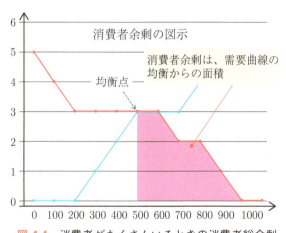

図 4.4　消費者がたくさんいるときの消費者総余剰

　一般的な商品については、

→ 消費者総余剰=(均衡点より右側の需要曲線が横軸と挟む面積)

ということになります。

　生産者余剰と消費者余剰を合わせて図示すると、図 4.5 のような一般的な結果ができます。

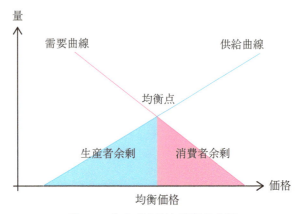

図 4.5　生産者余剰と消費者余剰

　生産者余剰と消費者余剰を、需要曲線と供給曲線だけを頼りに、面積として表現することができました。こうなると、余剰が具体的な数値としてわからなくても、経済活動の良し悪しを評価できるようになります。例えば、増税がどんな効果を与えるかとか、関税(輸入品への課税)、有権者を意識した補助金、ガソリン等必需品に対する価格規制等がどんな影響を与えるかなどを分析できるようになるのです。

　この余剰の概念を導入したことで、経済学はサイエンスの座を手に入れたと言っても過言ではありません。

第 4 講のまとめ

① 消費者余剰=(内的評価)−(支払額)
② 生産者余剰=(販売額)−(内的評価)
③ 総余剰=(消費者総余剰)+(生産者総余剰)
④ 個人の余剰=(内的評価と均衡価格のところに辺を持つ長方形の面積)
⑤ 生産者総余剰=(均衡点より左側の供給曲線が横軸と挟む面積)
⑥ 消費者総余剰=(均衡点より右側の需要曲線が横軸と挟む面積)

第 4 講の練習問題

1. A さんは人気アニメのキャラのフィギュアを所有しており、その内的評価は 500 円である。一方、B さんはそのフィギュアに対して、2000 円の内的評価を持っている。以下のカッコを適切に埋めよ。

A さんが B さんにフィギュアを 1100 円で売ったとき、

A さんの生産者余剰は (　　　) 円、B さんの消費者余剰は (　　　) 円、二人の総余剰は (　　　) 円

である。また、A さんが B さんにフィギュアを p 円で売ったとき、

A さんの生産者余剰は (　　　) 円、B さんの消費者余剰は (　　　) 円、二人の総余剰は (　　　) 円

である。つまり、フィギュアをどんな価格で売買しても総余剰は常に (　　　) 円となる。

2. エヴァンゲリオンの小型フィギュア (同一物) のオークションに、5 人の買い手と売り手が集まった。5 人の買い手は、U くん、V くん、W くん、X くん、Y くんで、5 人の売り手は、A くん、B くん、C くん、D くん、E くんで、それぞれの内的評価は表 4.7 のようになっている。オークショニアー (競り人) が、300 円からコールをスタートし、10 円刻みでコールする額を上げていくとする。

表 4.7

買い手	U くん	V くん	W くん	X くん	Y くん
内的評価	302 円	312 円	332 円	372 円	382 円

売り手	A くん	B くん	C くん	D くん	E くん
内的評価	305 円	315 円	325 円	335 円	345 円

(1) 需要と供給の人数を書き入れ、表 4.8 を完成せよ。

(2)(1) のイングリッシュ・オークションの均衡価格は (　　　) 円で、均衡取引量は (　　　) 個である。また、消費者余剰の合計は、(　　　)+

第4講 売った人の得、買った人の得〜余剰の考え方

表4.8

コール	300円	310円	320円	330円	340円	350円
需要数						
供給数						

(   )+(   )+(   )+(   )=(   )円となる。

(3) 10%の消費税が課せられたときの支払いと需要数を書き入れ、表4.9を完成せよ。

表4.9

コール	300円	310円	320円	330円	340円	350円
支払い	330円					
需要数						

(4) (3)のイングリッシュ・オークションの均衡価格は(   )円で、均衡取引量は(   )個である。また、消費者余剰の合計は、(   )+(   )+(   )+(   )+(   )+(   )=(   )円となる。

3. ある野菜の需要曲線が $q = 14 - p$ (pが価格、qが数量) とする。供給曲線は価格によらず一定値 a である水平線 $q = a$ とする。$a = 8$ のとき、消費者総余剰は△ CE*D の面積で (   ) である。生産者総余剰は長方形 OBE*D の面積で (   ) である。供給が $a = 10$ に増えると、消費者総余剰は (   ) に増加するが、生産者総余剰は (   ) に減少する。この現象を俗に「豊作貧乏」と言う (出典:参考文献 [11])。

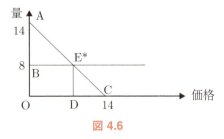

図4.6

第5講
人は心の中に「好み」を備えている

ミクロ経済学の王道に進む

　これまでは、「需要と供給の原理」を説明し、需要曲線と供給曲線の交点である均衡点によって取引が行われることを説明しました。また、オークションを内的評価によってシミュレートすることで、需要と供給を浮かび上がらせ、均衡を強制的に作り出す仕組みを説明しました。さらには、余剰という「取引で生じる得」の数値を計算する方法を与えました。

　しかし、これらの解説では、まだ経済活動の一面しか説明できていません。第一に、ただ一つの商品の需要と供給を扱いましたが、私たちは普段、複数の商品から消費選択をしています。第二に、すべての取引を「**お金**」による価格を基準にしました。もちろん、商品の売買は常にお金によって行われているのですが、お金というのは結局ただの紙切れです。私たちは単なる紙切れには興味がないので、究極的にはモノとモノ、あるいは、モノと労働力とを交換している、と考えるべきです。この扱い方はまだ説明していません。第三に、これまでは需要曲線と供給曲線が別々に描かれ、それらが自動調整されて取引が行われるように解説してきました。しかし、現実の商談は直接交渉によって行われます。直接交渉はどのようにシミュレートされるのでしょうか。第四に、人間には価格とは無縁の活動があります。例えば、選挙での投票や、健康のための運動や、ボランティア活動などです。これらの選択は、これまでの方法では分析できません。

そこでこの講で、「選好」と呼ばれる考え方を導入します。「選好」というのは、個人が心の中に持つ「好み」を数学的に表す方法です。

私たちは「好み」で動いている

私たちは、日々、さまざまな活動をしています。その活動は基本的に、いくつかの選択肢からいずれかを選択することです。その選択は、結局のところ、個人の心の中にある「好み」によって行われると考えられます。ミクロ経済学では、この「好み」のことを**選好**(preference)と呼びます。ミクロ経済学ではこの「選好」を数学記号で表現することに成功しました。これがミクロ経済学を発展させる非常に大きな原動力となったのです。

選好は、「$\succ_A$」という記号で表現します。この記号は経済学独自の発明ではなく、数学で「順序記号」と呼ばれているものを借用したのです。使い方は以下のようです。

> $X \succ_A Y$　　(意味) A さんは X を Y より好む。

$\succ_A$ の右下に小さな A は、「添え字」というもので、好みの主役が「A さん」であることを意味します。そして、$\succ_A$ の左右に置かれているものが、「どちらを好むか」を表すもので、「左側が右側より好まれる」という規則になっています。$\succ_A$ の役割は不等号のそれと似ています。不等式 $X > Y$ が「X は Y より大きい」を意味するのに似ていて、選好 $X \succ_A Y$ は、「A さんにとっては、X のほうが Y より好ましい」を意味するのです。この記号には広い応用範囲があります。いくつか例を与えましょう。

- リンゴ $\succ_A$ ミカン　　(意味) A さんはリンゴをミカンより好む。
- コーラ $\succ_A$ 100 円　　(意味) A さんはコーラを飲むことを 100 円の所有より好む。
- 野球観戦 $\succ_A$ サッカー観戦　　(意味) A さんは野球観戦をサッカー観戦より好む。
- ジーンズ $\succ_A$ スーツ　　(意味) A さんはジーンズ着用をスーツ着用より好む。
- 競争国家 $\succ_A$ 福祉国家　　(意味) A さんは競争国家を福祉国家より好む。

このように、選好記号は、非常に広い題材に利用することができます。

選好記号は慣れるまではわかりにくいと思いますが、これを用いることには次のような利点があります。

選好記号の利点：

(1) 表現が簡潔になる。
(2) 複雑なことを考えやすくなる。
(3) 数学ですでに構築されている理論の助けを借りることができる。

選好の推移律

選好には、普通、「**推移律**」と呼ばれる性質が要請されます。それは、

▶ **A さんが、X を Y より好み、かつ、Y を Z より好む、ならば、X を Z より好む**

という性質です。選好記号で書けば、

▶ $(X \succ_A Y$　かつ　$Y \succ_A Z)$　ならば、$X \succ_A Z$

ということで、言葉でいうなら、

▶ **選好では順序関係が保たれる**

ということです。この性質があることから、3つをつなげて、

$X \succ_A Y \succ_A Z$

と記すことができます。

　もちろん、次のような人が世の中にいても不思議ではありません。すなわち、ケーキとチョコとどっちが好き？と聞かれるとケーキと答え、チョコと大福とどっちが好き？と聞かれるとチョコと答えるのに、ケーキと大福とどっちが好き？と聞かれると大福と答えてしまう、という人です。この人は、ケーキ、チョコ、大福に整合的な順序が付けられない人です。「じゃんけん」「三すくみ」のように、好みがぐるぐると回ってしまいます。そういうケースも考えられますが、こういう人の選択は数学的に明確に捉えることができません。したがって、経済学ではこのようなケースを排除し、推

第 5 講　人は心の中に「好み」を備えている

移律を要請するのです。

投票のパラドクス

選好記号の使い方と推移律に慣れてもらうために、有名な「**投票のパラドクス**」を例にとりましょう。

今、3 人のアイドル、P 子、Q 子、R 子に対する 3 人のアイドル・ファン A さん、B さん、C さんの好みが次のようになっていたとします。

　　P 子　$\succ_A$　Q 子　$\succ_A$　R 子
　　Q 子　$\succ_B$　R 子　$\succ_B$　P 子
　　R 子　$\succ_C$　P 子　$\succ_C$　Q 子

このとき、どのアイドルが一番人気があるかを、1 対 1 対決の人気投票の多数決で決めるとしましょう。

まず、P 子と Q 子のどちらが人気があるかを 3 人のファンが人気投票します。次のようになります。

　　P 子 $\succ_A$ Q 子　→　A さんは P 子に投票
　　Q 子 $\succ_B$ P 子　→　B さんは Q 子に投票
　　P 子 $\succ_C$ Q 子　→　C さんは P 子に投票

したがって、P 子が 2 票獲得、Q 子が 1 票獲得より、P 子のほうが人気があると決まりました。このことを、3 人集団の好みを $\succ_{fan}$ と記すことにすれば（fan はファンのこと）、

　　P 子　$\succ_{fan}$　Q 子　…①

となります。同様に、Q 子と R 子に人気投票をすると、

　　A さんは Q 子に投票
　　B さんは Q 子に投票
　　C さんは R 子に投票

となることから、

　　Q 子　$\succ_{fan}$　R 子　…②

となります。以上の ① と ② から、$\succ_{fan}$ が推移律を満たすならば、P 子 $\succ_{fan}$ R 子でなければいけません。しかし、P 子と R 子で人気投票を行うと、

　　A さんは P 子に投票

Bさんは R 子に投票
　　　Cさんは R 子に投票
となるので、
　　　R 子　≻_{fan}　P 子
となります。つまり、推移律が満たされません。この例が示すのは、

> 個人の選好が推移律を満たしていても、集団の投票による多数決の結果が推移律を満たすとは限らない

という衝撃的な事実です。個人が合理的でも集団になると不合理性が現れる、ということです。これが、「投票のパラドクス」と呼ばれる所以です。

「同じくらい好き」の記号

　A さんの選好について、「X を Y より好き」とも「Y を X より好き」ともどちらも言えない状態もありうるでしょう。これは、A さんが「X と Y を同じくらい好き」ということです。このことを記号で書くと次のようになります。

　　　X　∼_A　Y　　（意味）A さんは、X と Y を同じくらい好き。

　このときは、「**A さんにとって、X と Y は無差別である**」と言います。
　A さんに選択肢 X と Y がある場合、次の 3 つのどれかが成り立つことになります。

　　　X ≻_A Y　　（意味）A さんは X を Y より好む。
　　　Y ≻_A X　　（意味）A さんは Y を X より好む。
　　　X ∼_A Y　　（意味）A さんは、X と Y を同じくらい好き。

この「同じくらい好き」にも、推移律が成り立ちます。すなわち、

> **A さんにとって、X と Y を同じくらい好き、かつ、Y と Z を同じくらい好きならば、X と Z を同じくらい好き。**

> (X ∼_A Y　かつ　Y ∼_A Z)　ならば　X ∼_A Z

実は、この「同じくらい好き」という概念を使って「無差別曲線」というのを描くのが、ミクロ経済学の教科書の普通の流儀になっています。しか

し、無差別曲線はかえって物事をわかりにくくするので、この講の最後にちょっとだけ解説し、その後は全く触れません。

2つの商品の消費に好みを導入する

選好の応用の最も大事な例として、2つの商品の消費量についての選好を解説します。

今、「リンゴを x 個、ミカンを y 個消費すること」を記号 (x,y) で記すことにしましょう。記号 (x,y) は中学・高校の数学で教わる座標の記号です。この記号を利用して、リンゴとミカンの消費量に対する好みを導入することができます。

例えば、A さんが「リンゴを 5 個とミカンを 1 個食べるのと、リンゴを 3 個とミカンを 3 個食べるのと、どっちがいいですか？」と聞かれて、「後者のほうが前者よりいいです」と答えた場合、A さんの消費に対する好みは次のように表されます。

$(3,3) \succ_A (5,1)$　　(意味) A さんは、リンゴ 3 個とミカン 3 個の消費を、リンゴ 5 個とミカン 1 個の消費より好む。

(意味) のところの文章を読んだ上で、左側の選好の数式と見比べてみてください。選好記号の表現がいかに簡潔で見やすいかわかることでしょう。このようなモデルを使うとき、次の性質を要請するのは自然だと誰もが思うことでしょう。

> ▶ リンゴもミカンも両方多くなるような消費は、元の消費より好ましい。すなわち、$x > s$ かつ $y > t$ のとき、$(x,y) \succ_A (s,t)$

完全代替財とはどんな商品か

以下、2 商品の消費量の選好を使って、商品の性質を定義します。

今、A さんが国産のウイスキーと輸入ウイスキーを消費することを考えましょう。A さんが国産ウイスキーを x 杯飲み、輸入ウイスキーを y 杯飲むことを、記号 (x,y) で表すことにします。ここで A さんは、ウイスキーなら何でもよくて、「何杯飲むか」だけに依存して好みが決まっているとし

ます。例えば、国産ウイスキーを4杯と輸入ウイスキーを2杯飲む場合と、国産ウイスキーを2杯と輸入ウイスキーを3杯飲むのを比べる場合、前者が合計6杯、後者が合計5杯だから、前者を好むわけです。つまり、Aさんは合計の杯数が多い飲み方のほうをより好む、と仮定します。記号で書くと、

$x + y > s + t$ のとき、$(x,y) \succ_A (s,t)$

ということです。この場合、合計杯数が同じなら同じくらい好きでしょうから、

$x + y = s + t$ のとき、$(x,y) \sim_A (s,t)$

となります。

このような場合、Aさんにとって結局、国産ウイスキーも輸入ウイスキーも違いがないと解釈できます。このような2商品を「**完全代替財**」と呼びます。「一方は他方の完全な代用になる」という意味です。

▶ **一方が他方の完全な代用になる商品を完全代替財と呼ぶ。**

完全代替財に対する消費行動は簡単に解決できます。次の問題を解いてみましょう。

> **問題**
>
> Aさんにとって、国産ウイスキーと輸入ウイスキーは完全代替財である。バーでは、国産ウイスキーは1杯500円、輸入ウイスキーは1杯1000円である。このとき、Aさんが3000円分だけウイスキーの飲むなら、どちらを何杯ずつ飲むか。

(解答)
(x,y) の x を国産ウイスキーの杯数、y を輸入ウイスキーの杯数とする。予算3000円で可能な飲み方は次の4通りになる。

$(6,0), (4,1), (2,2), (0,3)$

(例えば、$(4,1)$ は国産ウイスキー4杯、輸入ウイスキー1杯なので、料金は $500 \times 4 + 1000 \times 1 = 3000$ 円でちょうど予算通り)。これらの消費に

対する A さんの選好は、次のようになる。

$(6,0) \succ_A (4,1) \succ_A (2,2) \succ_A (0,3)$

(合計の杯数が、左から順に、6, 5, 4, 3、だからこの順に好ましい)。したがって、A さんは最も好ましい $(6,0)$ の消費を行う。つまり、国産ウイスキーを 6 杯購入する。**(解答終わり)**

この結果は、「完全に代用になるなら、安いほうを購入する」というしごくあたり前の行動を数学的に解いただけのことです。しかし、選好を使って数学的に解けば、そういう「理屈」を考えないでも済みます。

完全補完財とはどんな商品か

2 商品の消費に関して、別の例をやってみます。

今、A さんは朝食に卵かけご飯を食べるとします。ご飯を x 杯と卵を y 個の消費を、(x,y) と記すことにしましょう。A さんが、1 杯のご飯に 1 個の卵をかけて食べるのが習慣で、ご飯だけ食べたり、卵だけ食べたりはしないと仮定します。すると、A さんにとって、ご飯と卵が同数ある消費は、その数が多ければ多いほど好ましいことになります。例えば、ご飯 4 杯で卵 3 個の消費と、ご飯 2 杯で卵 6 個の消費を比べると、A さんは前者を好みます。なぜなら、前者はご飯と卵の組が 3 杯分食べられますが、後者では 2 杯分になるからです。

そうすると、2 種類の消費を比較した場合、ご飯と卵の小さいほうの値を比較して、その最小値が大きいほうを好む、ということになるでしょう。先ほどの例でいうと、$(4,3)$ と $(2,6)$ を比較する場合、$(4,3)$ のうちの最小値 3 と $(5,2)$ の最小値 2 を比べると、前者のほうが大きいから前者の消費を好むのです。数式で書くと、

(x と y の最小値)$>$(s と t の最小値) のとき、$(x,y) \succ_A (s,t)$

(x と y の最小値)$=$(s と t の最小値) のとき、$(x,y) \sim_A (s,t)$

となります。

このような関係にある 2 つの商品を「**完全補完財**」と呼びます。これは、「両方が補い合って一つの消費になる」という商品のことです。

➡ **ペアになって初めて好ましさを与える商品を完全補完財と呼ぶ。**

以下、完全補完財に対する次の問題を解いてみましょう。

> **問題**
>
> A さんにとって、ご飯と卵は完全補完財である。食堂では、ご飯は 1 杯 50 円、卵は 1 個 100 円である。このとき、A さんが 300 円分で朝食を食べるとき、どちらをどう食べるか。

(解答)
(x, y) の x をご飯の杯数、y を卵の個数とする。予算 300 円で可能な食べ方は次の 4 通りになる。

$(6 , 0), (4 , 1), (2 , 2), (0 , 3)$

(例えば、$(4 , 1)$ はご飯を 4 杯、卵 1 個なので、料金は $50 \times 4 + 100 \times 1 = 300$ 円でちょうど予算通り)。これらの消費に対する A さんの選好は、次のようになる。

$(2 , 2) \succ_A (4 , 1) \succ_A (0 , 3) \sim_A (6 , 0)$

(x と y の最小値が、左から順に、2, 1, 0, 0 だから、最初の 3 つはこの順に好ましく、最後の 2 つは同じくらい好ましい)。したがって、A さんは最も好ましい $(2 , 2)$ の消費を行う。つまり、ご飯を 2 杯、卵を 2 個購入する。
(解答終わり)

　完全補完財の場合、一方を他方より多く購入してもその余計な分は好ましさになんら影響を与えないので、結局、同数の購入 (あるいは同数にできるだけ近い購入) をするのが最も好ましくなります。

無差別曲線の描き方

　以上で、選好を用いた完全代替財と完全補完財の説明が終わり、選好によって商品の関係性を定義できることが示されました。第 5 講の目的はこれで達成されたのですが、普通のミクロ経済学の教科書でこのことを「無

差別曲線」を用いて説明しているので、それに簡単に触れておくことにします。

無差別曲線とは、A さんにとって無差別 (同じくらい好き) になる消費の組み合わせを平面にプロットしてできる曲線です。以下、前の節で例に使った国産ウイスキーと輸入ウイスキーの消費をもう一度持ちだします。この例では、

> 国産ウイスキーと輸入ウイスキーの合計杯数の大きいほうが好ましく、同じなら同じくらい好ましい

としていました。したがって、例えば、次の 4 つの消費は無差別になります (どれもが、3 杯飲むので)。

$$(3,0) \sim_A (2,1) \sim_A (1,2) \sim_A (0,3)$$

これを座標平面にプロットすると、図 5.1 のようになります。

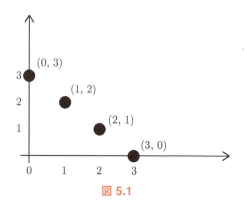

図 5.1

並んでいる 4 点は、国産ウイスキーと輸入ウイスキーの杯数の組み合わせを表しています。そして、この 4 点の表す消費はすべて A さんにとって、同じ好ましさになっています。つまり、どれを選んでも遜色がない、ということです。

ここで、杯数を 0 以上の整数に限らず、0 以上の小数も認めるとすると、

この4点を結んだ直線上の点がすべて同じ好ましさとなります。それが図5.2です。この直線を無差別曲線と呼びます。

▶ **無差別曲線上のどの点も同じ好ましさの消費を表す**

ということです。

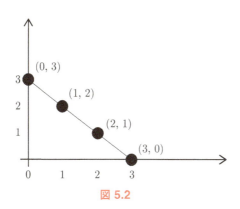

図 5.2

次に、合計4杯飲む消費をプロットしてみましょう。これらもすべて同じ好ましさです。

$(4, 0) \sim_A (3, 1) \sim_A (2, 2) \sim_A (1, 3) \sim_A (0, 4)$

しかし、これらはすべて先ほどの合計3杯飲む消費より好ましい消費です。すなわち、例えば、

$(2, 2) \succ_A (0, 3)$

のようになります。これらの点とそれを結んだ直線を描き加えると、図5.3となります。

この図の見方は次です。

▶ **直線上(曲線上)の点たちの表す消費は、すべて同じくらい好ましい。また、2つの直線を比べる場合、右側にある直線上の点たちの消費のほうが好ましい。**

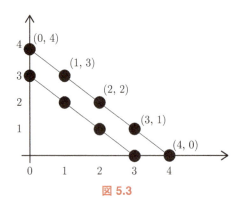

図 5.3

ミクロ経済学の普通の教科書は、このような無差別曲線とそれを表す方程式を用いて経済行動を説明します。しかし、その説明法は、必ずしも万人にわかりやすいとは言えないので、本書では選好記号を使った説明を試みています。

[参考] 効用関数について

通常のミクロ経済学の教科書では、「選好」ではなく「効用関数」を使って説明しています。効用関数とは、好ましさの程度を数値で表したもので、人々が心の中に持っていると想定されています。

例えば、国産ウイスキー x 杯と輸入ウイスキー y 杯の消費 (x, y) に対する効用関数を $u(x, y) = x + y$ と設定すれば、$(x, y) \succ_A (s, t)$ とは $x + y > s + t$ のことでしたから、$u(x, y) > u(s, t)$ と同値になります。すなわち、効用関数は「好み」を関数値の大小で表すものなのです。選好に一定の条件を課せば、それを効用関数で代用できることが知られています。つまり、「人々はあたかも心の中の関数の値を計算して行動しているように見なせる」ということなのです。ただし、効用関数が微分可能になるのは選好に比べて非常に強い条件です。

第 5 講のまとめ

① 選好 $X \succ_A Y$ は、「A さんにとっては、X のほうが Y より好ましい」を、選好 $X \sim_A Y$ は、「A さんは、X と Y を同じくらい好き」を意味する。

② 選好記号を導入する利点は、表現が簡潔になり、複雑なことを考えやすくなり、数学ですでに構築されている理論の助けを借りることができること。

③ 一方が他方の完全な代用になる商品を完全代替財と呼ぶ。

④ A さんにとって完全代替財の場合、
$x + y > s + t$ のとき、$(x, y) \succ_A (s, t)$
$x + y = s + t$ のとき、$(x, y) \sim_A (s, t)$

⑤ ペアになって初めて好ましさを与える商品を完全補完財と呼ぶ。

⑥ A さんにとって完全補完財の場合、
(x と y の最小値)>(s と t の最小値) のとき、$(x, y) \succ_A (s, t)$
(x と y の最小値)=(s と t の最小値) のとき、$(x, y) \sim_A (s, t)$

第 5 講の練習問題

1. 次のカッコに、完全代替財、完全補完財のどちらかを埋めよ。

(1) あるスニーカーの右足用と左足用は、ほぼ(　　　　)と言えるだろう。

(2) 紅茶のダージリンとアールグレーは、ほぼ(　　　　)と言えるだろう。

2. 政党 X と Y がある。X と Y は、財政、外交、環境について、それぞれ対立する政策を主張している。5 人の有権者 1, 2, 3, 4, 5 に、財政、外交、環境について、どちらの政党の政策を好むかを聞いた結果が表 5.1 である。

次の問いに答えよ。

(1) 有権者 1 の政策の好みについて、次の選好の式のカッコに X または Y

表 5.1

有権者	財政	外交	環境
1	X	X	Y
2	X	Y	X
3	Y	X	X
4	Y	Y	Y
5	Y	Y	Y

を適切に埋めよ。

(　　) の財政政策　$\succ_1$　(　　) の財政政策

(　　) の環境政策　$\succ_1$　(　　) の環境政策

(2) 有権者 4 の政策の好みについて、次の選好の式のカッコに X または Y を適切に埋めよ。

(　　) の外交政策　$\succ_4$　(　　) の外交政策

(　　) の環境政策　$\succ_4$　(　　) の環境政策

(3) 有権者は、支持する政策が多いほうの政党を支持するとする。表 5.2 の最後の列に X か Y を記入し、さらに下の文章にも、X か Y を記入せよ。

表 5.2

有権者	財政	外交	環境	支持政党
1	X	X	Y	(　　)
2	X	Y	X	(　　)
3	Y	X	X	(　　)
4	Y	Y	Y	(　　)
5	Y	Y	Y	(　　)

表 5.2 の結果から、支持政党の投票で過半数を獲得するのは、(　　) である。

(4) 各政策について、それぞれ政策を国民投票したとする (表 5.3)。そのとき選ばれる政策を、カッコの中に X か Y を記入することで答えよ。

このような (3) と (4) の矛盾した結果を、オストロゴルスキーのパラドクスと呼ぶ (参考文献 [5])。

表 5.3

有権者	財政	外交	環境
1	X	X	Y
2	X	Y	X
3	Y	X	X
4	Y	Y	Y
5	Y	Y	Y
多数決の結果	(　)	(　)	(　)

3. Aさんはアニメ「ドラえもん」のフィギュアを収集している。Aさんにとって、ドラえもんのフィギュアとのび太のフィギュアは、完全補完的であるとする。ドラえもんのフィギュアが 300 円、のび太のフィギュアが 100 円とする。予算 1200 円で各フィギュアを購入するとき、Aさんがどんな選択をするか、次のカッコを埋めることで答えよ。

(解答) ドラえもん x 体、のび太 y 体の保有を (x,y) と記すことにする。予算 1200 円で可能な購入は、

(　, 　), (　, 　), (　, 　), (　, 　), (　, 　)

の 5 通りである。完全補完財であることから、これらに対するAさんの選好は、

(　, 　) $\succ_A$ (　, 　) $\succ_A$ (　, 　) $\succ_A$ (　, 　) $\sim_A$ (　, 　)

となる。したがって、Aさんの消費選択は、ドラえもんのフィギュア (　) 体とのび太のフィギュア (　) 体となる。

誰が価格を縦軸にとった？

　10 ページで解説しましたが、ミクロ経済学の教科書のほぼすべては、価格を縦軸に設定します。本文に書いた通り、因果関係から考えるとこれは逆に思えます。価格→購買量という関係にあるように思えるからです。

　経済学の初期の段階では、価格を横軸に設定していました。実際、クールノーというフランスの数学者・経済学者の『富の理論の数学的原理に関する研究』(1838年) までは価格を横軸にとっていたそうです。ちなみに、クールノーの企業競争に関する研究 (クールノー競争と呼ばれる) は、その後ゲーム理論の発展に貢献することになる優れたものでした (158 ページでも少しだけ触れる)。

　価格を縦軸に設定したのは、イギリスの経済学者マーシャルの『経済学原理』(1890年) だと言われています。この著作はベストセラーになり、その後の経済学に大きな影響を与えました。マーシャルは重要な概念を多く提出しました。例えば、価格弾力性 (本書 32 ページで解説) や、消費者余剰と生産者余剰 (本書では第 4 講で解説) を定義し名称を与えたのはマーシャルのようです。

　価格を縦軸に数量を横軸に設定するのは、微分を使って分析するとき便利だからです。以下、それを説明しますが、微分の知識のない読者はスキップしても本論には何の影響もありません。

　企業が外から与えられる (価格受容の場合の) 価格を p とし、q の量を生産するときのコストが関数 $c(q)$ で与えられるとき、利潤 $\pi(q)$ は売り上げからコストを引くので、

$$\pi(q) = pq - c(q)$$

と表されます。すると、利潤を最大化する q は、$\pi'(q) = 0$ を満たします。

$$\pi'(q) = p - c'(q) = 0$$

から、p と q の関係が $p = c'(q)$ を満たすことになり、これが供給曲線を与えます。式を見ればわかるように、$q \to p$ という関数関係にしたほうが理解は容易になりますね (参考文献 [11] [12] など)。

第6講

直接交渉をシミュレートする

経済は、結局、物々交換でできている

　経済学の専門家と一般の人との大きな違いは、経済活動を「**物々交換**」として見る見方ができるかどうかです。現在では、ほとんどすべての商取引はお金によって行われています。商品を買うときはお金を払うし、仕事をした報酬もお金で受け取ります。税金もお金で納めます。病気になって医者にかかるときもお金を支払います。

　このように、すべての経済活動はお金によって成り立っているため、一般の人はお金が経済の本質だと思い込んでしまいます。その上で、お金の存在を「空気のようなもの」として当たり前として深くは考えません。

　しかし、一度、「お金っていったい何だ？」という疑問を持つと、深い迷宮が待ちかまえています。何の用途もないただの紙切れが、高級ワインと交換できるのはなぜでしょうか。一日の労働の報酬が紙切れなのはなぜでしょうか。紙切れ一枚にそんな価値があるのでしょうか。

　そこで経済学者は、いったんお金を思考からはずして、モノだけで考えるようにします。そうすると、経済活動の本質が浮き彫りになるからです。

　お金抜きに考えると、経済とは国民全員で生産した商品を国民全員で分け合う仕組みだと見えます。労働者は労働の対価として商品を受け取り、経営者は機械や設備の対価として商品を受け取ります。市場とは、自分の所有している商品をより好ましい商品と交換し合う場所です。病院で医師

は診療サービスの対価として商品を受け取ります。

このような見方をすることで、市場のあり方や経済活動の本質が良くわかるようになるのです。もちろん、物々交換は現代社会では全くと言っていいほど見かけません。お金(紙幣)を仲立ちにして取引するからです。しかし、仮想的になってしまっても物々交換をシミュレートすることは、経済活動の理解を深めてくれます。本講では、物々交換をシミュレートしていきます。

少女たちの物々交換

実は筆者は最近、物々交換を目の当たりにして驚いたことがあります。それは、テレビのニュース映像でした。お正月のファッション・モールにたくさんの女子中高生が集まり、ファッションの福袋を買いあさりました。福袋ですから、事前には中身がわかりません。少女たちは買った福袋の中身を見て、その中に欲しいファッション・グッズもあるし、そんなに嬉しくないものもあることを確認します。そうした少女たちは、なんということか、路上で物々交換を始めたのです。

ある少女は、スカートをかざしながら、「これをスカーフと交換しませんか？」と叫びます。すると、スカーフを持っている少女が近づいて行って、交渉が始まります。こんな光景がそこら中で展開されたのです。物々交換になったのは、路上でお金で売り買いするのは道交法に反するからかもしれません。

この物々交換は、シミュレートのための格好の材料になります。そのために、次のように選好を導入しましょう。

今、少女Aの福袋には、ブラウスとバッグが入っており、少女Bの福袋にはスカートと帽子が入っていたとします。これを**「初期保有」**と呼びます。すなわち、

　少女Aの初期保有＝ブラウス＆バッグ

　少女Bの初期保有＝帽子＆スカート

その上で、各自にとって初期保有より好ましい組み合わせがどのようなものかを与えます。

例えば、少女 A の選好が、

(ブラウス＆スカート) $\succ_A$ (ブラウス＆バッグ)

であり、少女 B の選好が、

(帽子＆バッグ) $\succ_B$ (帽子＆スカート)

であるとしましょう。

　この選好が表すのは、少女 A は初期保有のブラウスとバッグよりも、ブラウスとスカートの所有のほうを好んでいること。そして、少女 B は初期保有の帽子とスカートより帽子とバッグの所有のほうを好んでいることです。

　この場合、少女 A と少女 B は、直接交渉によって、少女 A がバッグを渡し少女 B がスカートを渡す物々交換を実行できるでしょう。帽子の代わりにスカートを得た少女 A は初期保有より好ましい所有が実現でき、スカートの代わりに帽子を得た少女 B も初期保有より好ましい所有を実現できるからです。

　直接交渉のやり方はいろいろあります。例えば、少女 A がバッグをかざして、「これをスカートと交換してください」とコールすれば、少女 B がその場に行って、少女 A に自分のスカートを見せることになります。あるいは、少女 A と少女 B がばったり出くわした場合、互いに袋の中身を見せ合って、交換の提案をお互いに出し合い検討することになるでしょう。

　この物々交換のシミュレーションからポイントになる部分を抽出すると、次のようになります。

ステップ 1：両者の初期保有を与える。
ステップ 2：両者の選好を与える。
ステップ 3：交換によって、両者ともにより好ましくなるなら交換を実行。

リンゴとミカンの物々交換をシミュレート

　もっと汎用性のあるもう少し複雑な物々交換のシミュレーションに進みましょう。2つの商品の消費量に選好を導入してシミュレートするのです。今、商品はリンゴとミカンとし、(x, y) を「リンゴ x 単位とミカン y 単

位の消費」とします。

Aさんをリンゴの生産者でリンゴ2単位を生産するとし、Bさんをミカンの生産者でミカン8単位を生産するとしましょう。したがって、初期保有は

Aさんの初期保有＝(2 , 0)

Bさんの初期保有＝(0 , 8)

となります。そして、各自のリンゴとミカンの消費に対する選好を次のようだとします。

$(0 , 6) \succ_A (1 , 4) \succ_A (1 , 3) \succ_A (2 , 0)$ ···①

$(1 , 5) \succ_B (1 , 4) \succ_B (0 , 8) \succ_B (2 , 2)$ ···②

さて、ここで、次のような物々交換が可能かどうかを考えます。

▶ (物々交換その1)

AからBにリンゴ1単位を渡し、BからAにミカン3単位を渡す。

この交換で初期保有と交換後の消費がどう変化するかを求めると次のようになります。

表 6.1

	交換後	初期保有
A	(1 , 3)	(2 , 0)
B	(1 , 5)	(0 , 8)

そしてこれらについての両者の選好を先ほどの①と②から部分的に抜き出すと、

Aの選好　$(1 , 3) \succ_A (2 , 0)$

Bの選好　$(1 , 5) \succ_B (0 , 8)$

この場合は、交換によって、両者とも初期保有より好ましい消費を実現しているので、交換に合意するでしょう。

このように、誰一人好ましくない状態にならず、少なくとも一人はより好ましい状態が実現できることを「**パレート改善**」と呼びます。

> パレート改善とは、誰一人好ましくない状態にならず、少なくとも一人はより好ましい状態が実現できること。

直接交渉が合意される場合、必ずパレート改善になっていることがわかるでしょう。

このパレート改善は、イタリアの経済学者パレートによって定義された概念ですが、ミクロ経済学において最も大事な概念の一つです。

交換の合意は唯一ではない

前項の物々交換について、実は、他にも合意される交換があります。

> (物々交換その2)
> AからBにリンゴ1単位を渡し、BからAにミカン4単位を渡す

という交換です。実際、初期保有と交換後の消費は表6.2のようになります。

表6.2

	交換後	初期保有
A	(1, 4)	(2, 0)
B	(1, 4)	(0, 8)

そしてこれらについての両者の選好を ① と ② から部分的に抜き出すと、
　Aの選好　$(1, 4) \succ_A (2, 0)$
　Bの選好　$(1, 4) \succ_B (0, 8)$
この場合でも、交換によって、両者とも初期保有より好ましい消費を実現しています。したがって、この場合でも直接交渉はまとまり、合意がなされるでしょう。当然、このケースもパレート改善を満たします。

物々交換その1も物々交換その2も実現可能ですが、ミカンの消費の個数を比較すればわかるように、その1は相対的にBさんに有利な交換です。なぜなら、その2に比べて、ミカンを1単位少なく渡すことで、リンゴ1単位を手に入れているからです。

物々交換その1とその2のどちらが、実際に実現されるかは「交渉のプロセス」に依存すると考えられます。Aさんの交渉力が強ければAさんに相対的に有利なその2が実現し、Bさんの交渉力が強ければBさんに相対的に有利なその1が実現することでしょう。あるいは、偶然によって決まることもありうるでしょう。

世の中には、パレート改善をもたらす交換は複数ありえて、そのうちのどの交換が実現するかは、ケースバイケースであり、パレート改善という見方だけから決定することができません。

交渉の決裂

もちろん、物々交換が実現不可能なケースもあります。例えば、

(物々交換その3)
AからBにリンゴ2単位を渡し、BからAにみかん6単位渡す

という交換が一例です。実際、初期保有と交換後の消費は表6.3のようになります。

表6.3

	交換後	初期保有
A	(0, 6)	(2, 0)
B	(2, 2)	(0, 8)

そしてこれらについての両者の選好を ① と ② から部分的に抜き出すと、
　Aの選好　$(0, 6) \succ_A (2, 0)$
　Bの選好　$(0, 8) \succ_B (2, 2)$
見ればわかるように、Aさんは交換後のほうが初期保有より好ましいが、Bさんは初期保有のほうを交換後より好んでいます。したがって、Bさんは交換に同意せず、直接交渉は決裂するでしょう。

もう一つ、「パレート改善だからといって、現実的に実現できない場合がある」ということも確認しておきましょう。

例えば、選好 ① の中の消費で A さんにとって最も好ましい (0, 6) の消費と、選好 ② の中で B さんにとって最も好ましい (1, 5) の消費とを、同時に実現することはできません。あたりまえです。この消費では、リンゴについては、両者合計で (0+1=)1 単位の消費だから、2 単位あるリンゴのうち 1 単位を捨ててしまえば可能です。しかし、ミカンについては、両者合計で (6+5=)11 単位が消費されることになりますが、ミカンはもともと 8 単位しかないからこれは不可能です。つまり、このような交換は原理的に実現できません。

相対価格の考え方

　さて、今、なんらかの理由で物々交換その 1 が実現されたとしましょう。このとき、リンゴ 1 個とミカン 3 個が交換されたのだから、リンゴ 1 個とみかん 3 個はある意味で「等しい」と考えることができます。つまり、

　　リンゴ 1 個＝ミカン 3 個

と等号でつなぐことができる、ということです。このような等式を作ると、リンゴとミカンという異質なモノを比較することができるようになります。これを「**相対価格**」と呼びます。

> 商品の価格を他の商品と交換する量から与えることを相対価格と呼ぶ。

これは、第 1 章で解説したアダム・スミスの「交換価値」にあたります。
　相対価格を使うと、次のようなことがわかります。
　ミカンの相対価格を 1、リンゴの相対価格を 3 と置きましょう。A さんは最初にリンゴを 2 単位持っているのだから、価格でいうと $2 \times 3 = 6$ の分の財産を持っていることになります。物々交換その 1 の後、リンゴ 1 個とミカン 3 個を消費するのだから、価格でいうと、$1 \times 3 + 3 \times 1 = 6$ の分の消費をすることになります。ここで、交換しようがしまいが、A さんの消費は価格で測ると「6」のままです。同様に B さんの最初の財産の価格は $(1 \times 8 =)8$ であり、交換の後に消費した分の価格は $(1 \times 3 + 5 \times 1 =)$「8」で、全く同じ価格です。このように、物々交換によって、消費できる

量の相対価格は全く変化しないとわかります。同じ価格の消費であるにもかかわらず、交換によって、より好ましい消費が可能になった、ということが、社会におけるモノの交換の意義を示しています。

このことは、「**価格**」と「**価値**」という 2 つの概念が、実は異なったものであることも示唆しています。A も B も相対価格で測ると最初の所有物と同一の価格分を消費した。けれども、交換前よりも「価値」の高い、すなわち、選好 $\succ_A$ や $\succ_B$ で計測すれば「より好ましい」消費の組み合わせを実現しているからです。

なぜそうなるか、というと、

> 「価値」というのは、個人の内面にある好み (要するに選好) から決まるものであり、「価格」というは、交換という集団の社会的な行動によって決まるもの

だからです。「価格」は集団の中で社会的に決定されますが、「価値」は個人それぞれの内面にあるものであって、社会とは関係がありません。この個人と社会とのズレが交換の意義をもたらすのです。

貸し借り契約のシミュレーション

以上のような 2 つの商品の消費量への選好を利用したシミュレーションは、他にも広い応用を持ちます。

例えば、銀行やローン会社が行うお金の融資は社会の根幹を成していますが、これを非常に単純な形でシミュレートしてみましょう。

今、魚の漁を仕事とする A さんと B さんを考えます。A さんは今年だけ働いて来年は休むつもりでいます。B さんは今年休んで来年は働こうと予定しています。両者とも、漁によって 10 単位の魚を獲ることができます。

(x, y) の x を今年の魚の消費量、y を来年の魚の消費量とします。今までは、リンゴとミカンのように別の商品の量を座標にしましたが、今回は同じ魚です。しかし、x は「今年の魚」の量で y は「来年の魚」の量ですから、リンゴとミカンのように異なる消費と捉えているのです。両者の初期保有は、

Aの初期保有＝(10 , 0)
　　　Bさんの初期保有＝(0 , 10)
となっています。魚は保存がきかないことを仮定し、初期保有のままだと、魚を獲った年にすべて食べて他の年には食べられないことになります。
　この設定の下で、両者の選好を次のように設定します。
　　　Aさんの選好　　(5 , 5) $\succ_A$ (10 , 0)
　　　Bさんの選好　　(5 , 5) $\succ_B$ (0 , 10)
この選好は、一年だけ魚を10単位食べるよりは、今年も来年も5単位ずつ食べるほうが好ましいことを表しています。このとき、AさんからBさんに今年の魚5単位を渡し、BさんからAさんに来年の魚5単位を渡す「契約」が成立することでしょう。そうすれば、両者とも初期保有より好ましい消費が可能だからです。
　この「契約」は、世の中では、「貸し借りの契約」を意味します。この場合で言えば、「AさんがBさんに今年に魚5単位を貸して、翌年にBさんから魚5単位を返済してもらう契約」ということです(利子はゼロとなっています)。
　大事なことは、この貸し借り契約は、両者ともにより好ましい状態を実現している、ということです。すなわち、パレート改善になっています。ローンは、そこに詐欺や強制が関与しない限り、人々の暮らしを改善するものとなっているのです。

● いろいろな経済活動をシミュレートできる ●

　このような選好による経済活動のシミュレーションは、もっとたくさんの応用が可能です。
　例えば、人がどのくらい労働をするか、という場合には、次のようにします。すなわち、(x, y) の x を労働による報酬、y を自分がゆったり過ごせる余暇時間とします。例えば、時給1000円であるとすれば、8時間働くと8000円の収入がありますが、余暇時間は16時間になります。これは (8000 , 16) と表せます。また、5時間働くと収入は5000円ですが、余暇は19時間となります。これは (5000 , 19) です。仮にAさんの選好が、

$(5000, 19) \succ_A (8000, 16)$

であれば、Aさんは5時間働くことを望むでしょう。

もう例を一つ挙げるなら、(x, y) の x を国産品の消費、y を輸入品の消費と設定すれば、国と国の貿易をシミュレートすることができます。

このようなシミュレーションは、経済活動全般に利用することができ、ミクロ経済学の根幹を作っているのです。

第6講のまとめ

① 物々交換の直接交渉は次のステップで分析できる。
　ステップ1：両者の初期保有を与える。
　ステップ2：両者の選好を与える。
　ステップ3：交換によって、両者ともにより好ましくなるなら交換を実行。
② パレート改善とは、誰一人好ましくない状態にならず、少なくとも一人はより好ましい状態が実現できること。
③ 世の中には、パレート改善をもたらす交換は複数ありえて、そのうちのどの交換が実現するかは、ケースバイケースである。
④ 商品の価格を他の商品との交換可能性から与えることを相対価格と呼ぶ。

第6講の練習問題

1. Aさんはバナナの生産者で、最初にバナナを10本保有している。Bさんは、メロンの生産者で、最初にメロンを8個保有している。(x, y) という座標は x がバナナの本数、y がメロンの個数を表すものとする。以下の問いに答えよ。

(1) AさんとBさんの初期保有を座標で書くと、
Aさん→(　,　)、Bさん→(　,　)
となる。適切な数字を埋めよ。

(2) Aさん保有のバナナのうちの4本とBさん保有のメロンのうちの2個

との交換に、二人とも同意したという。このとき、両者の選好について、以下に数字を正しく埋めよ。

(　, 　) $\succ_A$ (　, 　)
(　, 　) $\succ_B$ (　, 　)

(3) A さんが (2) よりも欲を出して、A さん保有のバナナのうちの 4 本と B さん保有のメロンのうちの 3 個の交換を申し出た。申し出た A さんはもちろんそれに合意するが、B さんは合意しなかったという。このとき、両者の選好について、以下に数字を正しく埋めよ。

(　, 　) $\succ_A$ (　, 　)
(　, 　) $\succ_B$ (　, 　)

2. A さんは最初に、初音ミクの自作フィギュアを 10 体保有している。B さんは最初に、自作ガンプラを 6 体保有している。(x, y) という座標は x がフィギュアの体数、y がガンプラの体数を表すものとする。A さんと B さんの選好順位は次のようになっている。

A さんの選好順位 → $(6, 2) \succ_A (10, 0) \succ_A (7, 1)$
B さんの選好順位 → $(3, 5) \succ_B (4, 4) \succ_B (0, 6)$

この 2 人が、フリーマーケットで出会い、物々交換の交渉をした状況を考えて、以下のカッコを適切に埋めよ。

(1) A さんの初期保有 → (　, 　)、B さんの初期保有 → (　, 　)

(2) 初期保有の状態から、A さん保有のフィギュアのうちの 4 体と B さん保有のガンプラ 2 体との交換が提案されたとする。
このとき、二人が合意すれば、A さんの消費は (　, 　)、B さんの消費は (　, 　) となる。そして、実際は、
(　, 　) $\succ_A$ (　, 　) であるから A さんは、
交換に [合意する, 合意しない]。
(　, 　) $\succ_B$ (　, 　) であるから B さんは、
交換に [合意する, 合意しない]。
つまり、物々交換は [成立する、成立しない]。

(3) 初期保有の状態から、A さん保有のフィギュアのうちの 3 体と B さん

第 6 講 直接交渉をシミュレートする

保有のガンプラ 1 体との交換が提案されたとする。
このとき、二人が合意すれば、A さんの消費は (　,　)、B さんの消費は (　,　) となる。そして、実際は、
(　,　) $\succ_A$ (　,　) であるから A さんは、
交換に [合意する、合意しない]。
(　,　) $\succ_B$ (　,　) であるから B さんは、
交換に [合意する、合意しない]。
つまり、物々交換は [成立する、成立しない]。

第 7 講

手番のあるゲームの戦略

経済における戦略的な駆け引き

　第6講では、経済活動に参加する人々の直接交渉をシミュレートしました。そこでは、選好を利用することによって、交渉が合意されたりされなかったりする仕組みを解明しました。一言でいえば、パレート改善になれば合意される、ということでした。

　しかし、パレート改善になる交渉は複数あり、そのいずれになるかは決定できません。また、何より、直接交渉がどういうふうに実行されるかも明示できませんでした。

　このような交渉過程での人々の思考を解き明かすことは、経済学の長年の夢だったのですが、それが20世紀半ばに達成されました。「ゲーム理論」という新しい分野が生み出されたのです。

ゲーム理論の誕生

　「**ゲーム理論**」は、人間のあらゆる活動を単なるゲームと見なして、数学的に分析する分野です。1944年に、数学者フォン・ノイマンと経済学者モルゲンシュテルンのコンビが発表したものです。彼らは、『ゲームの理論と経済行動』(参考文献 [6]) という分厚い本を刊行して、ゲーム理論を世に知らしめました。

　ゲーム理論の「ゲーム」とは、読者がイメージする「ゲーム」と同じも

のだと思ってかまいません。じゃんけんやトランプ、将棋や囲碁やオセロ、野球やサッカー、そして、ドラクエやファイナルファンタジーなども、ゲーム理論が材料とするゲームの範疇に属するものです。

フォン・ノイマンとモルゲンシュテルン以前にもゲームを数学的に分析した研究は存在していました。例えば、リトルウッドやツェルメロはどちらも19世紀から20世紀に活躍した数学者ですが、彼らもそれぞれ特定のゲームを研究しました。対して、フォン・ノイマンとモルゲンシュテルンのすごいところは、ゲーム全般を総合的に扱える枠組みを考え出したところです。そればかりでなく、いわゆる「ゲーム」とは一線を画すような活動までゲームと捉えて分析する道筋を作ったことなのです。例えば、ビジネスや戦争や選挙、はたまた恋愛、結婚までもゲームとして分析可能となります。

ゲーム理論は、学問界に衝撃を持って迎え入れられました。実際、ゲーム理論は、まず、行き詰まりが見え始めていた経済学を刷新しました。また、生物学において、動物の闘争や棲み分けを分析する道具に用いられました。その後、社会学 (社会における人々のあり方を分析する学問)、政治学 (政治家の行動や投票のあり方などを分析する学問)、法学 (憲法などの法律を研究する学問) など、さまざまな分野に波及することになりました。今では、統計学 (データを分析する学問) や物理学 (物質のふるまいを分析する学問) さえ、その影響を受けるようになっています。

このように、ゲーム理論は現在、多くの学問領域を股にかけて進化する、「21世紀を代表する学問」になっていると言っても過言ではないのです。

ゲームの種類分け

ゲーム理論では、大きく分けて二種類のゲームを研究しています。第一は「**協力ゲーム**」、第二は「**非協力ゲーム**」です。

協力ゲームとは、「複数のプレーヤーが協力して成果を上げた際、生じた利益をどのように分配するなら、プレーヤーが協力に同意するか」といった問題を解くものです。

一方、非協力ゲームとは、「複数のプレーヤーたちが、利害が相反したり

競合したりする状況下で闘争を行う場合、どのような戦略を用いるか」といった問題を解くものです。本書では、このうち非協力ゲームについてだけ解説します。

さらに、非協力ゲームも二種類に分類されます。第一は「**戦略型ゲーム**」、第二は「**展開型ゲーム**」です。

「戦略型ゲーム」というのは、複数のプレーヤーが「せーの」で一斉に行動を選び、それで利得が決まるワンショットのゲーム。じゃんけんが代表的です。

一方、「展開型ゲーム」というのは、プレーヤーたちが手番を持っていて、手番のときに行動を選び、選ばれた行動に応じて状況が変化し、その結果として利得が決まるゲームです。囲碁や将棋やオセロなどが代表的です。どちらも経済現象を分析するのに大きな有効性を持っています。

わかりやすいのは、展開型ゲームなので、この第7講で先に展開型ゲームを解説し、第9講で戦略型ゲームを解説します。

ゲームの木とは何か

展開型ゲームの基本構造は、「プレーヤー」「手番」「行動」「情報」「利得」からなります。以下、簡単な展開型ゲームを一つ提示して、解説を進めていきましょう。

図 7.1 のような樹形図を「**ゲームの木**」と呼びます。ゲームの木は、ゲームの構造を図示したものです。これは、「チキンゲーム」と呼ばれる有名なゲームを身近になるように書き換えたもので、「部屋掃除ゲーム」と名付けることにします (参考文献 [7])。

何をテーマにしているか、というと、「夫婦のうち、誰が掃除をすべきか」という問題です。

「プレーヤー」は、妻 A と夫 B です。ゲーム理論の英語の教科書では、A は Alice、B は Bob として書いてあるものが多いようです。

○印が「**手番**」を表し、中に A と書いてあれば妻 A の手番を、B と書いてあれば夫 B の手番を意味します。○印から出ている 2 本の枝が、プレーヤー (妻 A または夫 B) の選べる「**行動**」を表します。この場合、選べる行

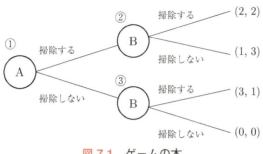

図 7.1　ゲームの木

動は妻 A、夫 B ともに、「掃除する」または「掃除しない」のどちらかです。

まず手番 ① において、妻 A が「掃除する」「掃除しない」のいずれか一方の行動を選択します。

「掃除する」を選べば ② の手番が実現します。

「掃除しない」を選ぶと ③ の手番が実現します。

手番 ② と手番 ③ は、どちらか一方しか実現しません (いわゆるパラレルワールドみたいに、時空が 2 つに分岐しているわけです)。

手番 ② が実現した場合、夫 B は、妻 A が「掃除する」を選んだことを「情報」として、「掃除する」「掃除しない」のいずれか一方の行動を選択します。

「掃除する」を選ぶとゲームが終了し、利得が決まります。妻 A が 2 点、夫 B も 2 点を獲得します。

他方、「掃除しない」を選ぶと、別の形でゲーム終了となり、妻 A が 1 点、夫 B が 3 点を獲得します。

手番 ③ が実現した場合、夫 B は、妻 A が「掃除しない」を選んだことを「情報」として、「掃除する」「掃除しない」のいずれか一方の行動を選択します。

「掃除する」を選ぶとゲームが終了し、利得は妻 A が 3 点、夫 B が 1 点となります。

他方、「掃除しない」を選ぶと別の形でゲーム終了となり、利得は妻 A が 0 点、夫 B が 0 点となります。

このゲームが意味するのは、両方で掃除をすると快適な生活、片方が掃除すると掃除しないほうだけがすごく快適、両方が掃除しないと快適さがない、ということで、それが利得 (ゲームの得点にあたる) に表現されています。

戦略とはどういうものか

ゲーム理論の理解には、「**戦略**」という概念の理解が大事です。そして、慣れていない人には、この「戦略」というものがなかなか飲み込めないのです。「戦略」の理解は、ゲーム理論ばかりでなく、日常生活にも役立ちます。

ゲーム理論において、プレーヤーの「戦略」とは、そのプレーヤーの全手番での行動を決めたもののことです。大事なことは、「他のプレーヤーの選んだ行動を見てからその場その場で決める」のではなく、「事前にすべての手番について行動を決める」という点です。したがって、実際には回ってこない手番についても行動を選んでおくことになります。

このように定義される「戦略」は、実生活でも大事なことです。多くの人は、優柔不断なため、相手の行動を見てから自分の行動を決めたい誘惑にかられます。しかし、そのような場当たり的な行動は、えてして悪い結果をもたらすものです。人生をうまく生きている人は、常にあらゆる状況を想定し、「ああなったらこうしよう」と事前に対応策を考えています。まさに、それこそがゲーム理論でいうところの「戦略」なのです。

図 7.1 のゲームの木を持つゲームを例に戦略を見てみましょう。

プレーヤー A の手番は ① のみですから、A の戦略は、「① でどの行動を選ぶか」を決めれば決まります。

他方、B の手番は ② と ③ の 2 つあります。したがって、B の戦略は、「② でどの行動を選ぶか」と「③ でどの行動を選ぶか」と両方を決めることで決まります。

例えば、A の戦略を

「手番 ① で行動『掃除しない』を選ぶ」

としましょう。そして、B の戦略を

「手番 ② では『掃除する』、手番 ③ では『掃除しない』を選ぶ」

としましょう。これで、両プレーヤーの戦略が出そろいました。

全プレーヤーの戦略が決まると、「ゲームがどのように進行してどんな結末を迎えるか」が与えられることになります。この場合は、①でAが「掃除しない」を選ぶことから、Bには③の手番が回ります。そして、③の手番では、戦略からBは「掃除しない」を選ぶので、結局、

「手番①でAが『掃除しない』を選び、手番③でBが『掃除しない』を選ぶ」

という風にゲームが進行し、利得は、Aが0点、Bが0点となります(図7.2。赤線が戦略)。

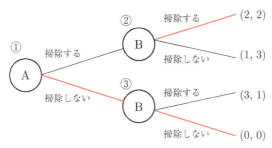

図 7.2 利得は、Aが0点、Bが0点

まとめると、

> (全プレーヤーの戦略が決まる)
>   → (ゲームの実際の進行が決まる)
>   → (全プレーヤーの利得が決まる)

という仕組みになります。

このゲームの場合、妻Aの戦略は2通りあり、夫Bの戦略は$2 \times 2 = 4$通りあるので、戦略の組み合わせは、$2 \times 4 = 8$通りになります。これらそれぞれに対してゲームの進行と利得が決まりますが、異なる戦略の組み合わせが同じゲームの進行をもたらすこともあります。例えば、

Aの戦略を
「手番 ① で行動『掃除しない』を選ぶ」
　Bの戦略を
「手番 ② では『掃除しない』、手番 ③ では『掃除しない』を選ぶ」
としても、ゲームの進行は先ほどと同じになります (図 7.3)。なぜなら、実現しない手番 ② での行動は、ゲームの進行には影響しないからです。

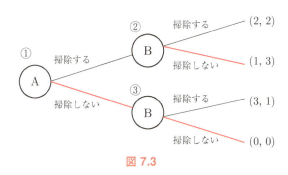

図 7.3

　図 7.2 の戦略と図 7.3 の戦略では、戦略自体は異なっています。なぜなら、手番 ② が実現した場合のプレーヤー B の行動が異なるからです。しかし、A の戦略が「手番 ① で行動『掃除しない』を選ぶ」であることから、手番 ② は実現しません。だから、ゲームの進行が同じになるのです。
　では、手番 ② の戦略の違いに意味がないのか、というとそうではありません。なぜなら、戦略を決める際には、B は A の戦略を知りません。だから、すべての手番を想定して戦略を決めるのです。したがって、手番 ② で何を選ぶかは考察にあたいします。また、あとで解説する「ゲームの解 (均衡と呼びます)」が決まるときには、プレーヤー B の手番 ② での戦略が、プレーヤー A の戦略に影響を持つのです。
　以上から、ゲームの進行は枝のつたわり方の 4 通りになります (利得が 4 通りだから、と言っても同じことです)。

合理的なゲームの結末

　準備が整ったので、「ゲームの解」を解説することにしましょう。ゲーム理論の目的はゲームの結末をつきとめることです。今見たように、全プレーヤーの「戦略」を与えれば、ゲームの進行とプレーヤーの利得は決定されます。ただし、戦略の組み合わせはたくさんあります。したがって、「どの戦略の組み合わせが最も実現しそうなのか」を解明したいのです。それが「**ゲームの解**」です。つまり、「ゲームの解」とは、最も妥当と思われる「戦略」の組み合わせを決定することです。

　もちろん、表層的には、プレーヤーたちがどんな戦略を選ぶこともありえます。そして、現実にモニターを使ってゲームをプレイさせると、いろいろな戦略の組み合わせが観測されます。しかし、「**なんでもアリ**」では「**理論**」とは言えません。

　そこでゲーム理論では、「**プレーヤー全員がかなりな程度に合理的である**」という仮定を置きます。「合理的」は日常用語では、「道理や論理にかなっている」とか「むだなく能率的である」という意味で使われますが、ゲーム理論においては、「知りうる情報をできる限り活用して、他のプレーヤーの出方についての論理的な推論を行い、自分の利得の最大化を目指す」ということを意味します。

　ここで勘違いしてはいけないのは、

> プレーヤーが獲得可能な利得の中で最も大きな利得を得られるというわけではない

ということです。

　プレーヤーの利得は、他のプレーヤーが選択した行動にも依存しますから、自分に最も都合のよいゲームの進行を選べるわけではありません。それは、将棋において対戦相手が自分に好都合な手ばかりを指してくれるわけでないことを想像すればわかるでしょう。

　したがって、プレーヤーの「合理的な戦略」を決める場合、他のプレーヤーの戦略も考慮する必要があります。つまり、あるプレーヤーの「合理

的な戦略」というのは、他のプレーヤーの「合理的な戦略」とのかねあいの中で決められなければいけないわけです。これは非常に難しい問題です。なぜなら、「合理的な戦略」というものが「相互依存的」になってしまうからです。

逆向き推論でゲームを解く

そこで、展開型ゲームでは、次のような仮定を置いて、合理的な戦略を決定します。

> (仮定 1) A も B も、すべての手番において、知っている情報の下で最も大きな利得が得られる行動を選択する。
> (仮定 2) A も B も、相手のプレーヤーが仮定 1 に従って行動していることを前提に行動を選択する。

仮定 1 は「どの手番でも最善を尽くす」ということで、仮定 2 は「相手が最善を尽くすことを知っている」ということを意味しますから、読者によっては「当たり前じゃないか」と思うかもしれません。他方、別の読者は「相手がどんな行動を選ぶかわからないのだから、最善の行動が何だかわからないはず」と思うことでしょう。しかし、どちらの感想も的をはずしているのです。なぜなら、「この 2 つの仮定によって、プレーヤーの合理的な戦略の組が決定してしまうけれど、それはそんなに当たり前のことではない」からです。

まず、合理的な戦略の組がどのように決まるか、その仕組みをざっくりと説明しましょう。

仮定 1 から、手番 ② と手番 ③ でプレーヤー B がどの行動を選ぶかが決まってしまいます。なぜなら、手番 ② と手番 ③ は最後の手番ですから、行動を決めれば利得が決まってしまいます。したがって、最善を尽くす仮定 1 から、プレーヤー B がどの行動を選ぶかははっきり決まるわけです。これはプレーヤー B の戦略が決定されることを意味します。

すると、B の戦略が決まったことから、手番 ① でプレーヤー A がどの

行動を選ぶかも決まってしまいます。なぜなら、仮定2からプレーヤーBが仮定1に依拠して行動をすることをプレーヤーAは知っているわけなのだから、先ほど決まったプレーヤーBの手番②と手番③での行動がプレーヤーAにもわかるわけです。すると、プレーヤーAは手番①でどの行動を選ぶと、その後にプレーヤーBがどの行動を選ぶかわかるから、自分の利得がどうなるかがわかることになります。それで、仮定1によって、プレーヤーAの選ぶべき最善の行動が決まってしまいます。

以上の行動選択の決定法を「**逆向き推論**」と呼びます。「最後から順に考える」仕組みになっているからです。これは手番がいくつあっても同じです。このように逆向き推論から決定されるプレーヤーの戦略を「**均衡戦略**」と呼びます。そして、両プレーヤーの均衡戦略を組にしたものが「**均衡**」と言い、「ゲームの解」にあたります。展開型ゲームの場合、この均衡は正式には「**部分ゲーム完全均衡**」と呼びます。さらに、均衡戦略の組によって決まるゲームの進行を「**均衡経路**」と呼びます。

均衡を実際に求めてみよう

部屋掃除ゲームの均衡を具体的に求めてみましょう。

まず、手番②と手番③におけるプレーヤーBの均衡戦略を決めます。

手番②においては、「掃除する」を選べば2点、「掃除しない」を選べば3点となります。したがって、仮定1から、手番②でのプレーヤーBの均衡戦略の行動は「掃除しない」になります。

図7.4のように、分岐点②から出る枝先でのBの利得(太字)を比べます。大きい利得3を得られる枝(太線)を選び、小さい利得2を得られる枝(点線)は削除するのです。

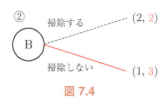

図 7.4

次に、手番 ③ においては、「掃除する」を選べば 1 点、「掃除しない」を選べば 0 点となります。したがって、仮定 1 から、手番 ③ でのプレーヤー B の均衡戦略の行動は「掃除する」になります。

図 7.5 のように、分岐点 ③ から出る枝先での B の利得 (太字) を比べます。大きい利得 1 を得られる枝 (太線) を選び、小さい利得 0 を得られる枝 (点線) は削除します。

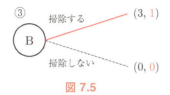

図 7.5

以上によって、プレーヤー B の均衡戦略が決まりました。それは次のようになります。

▶ **プレーヤー B の均衡戦略：**
  手番 ② では『掃除しない』、手番 ③ では『掃除する』を選ぶ

ここで注目することは、プレーヤー B のこの均衡戦略は仮定 1 を用いることだけによって確定した、ということです。すると、仮定 2 から、B の手番 ② と手番 ③ での均衡戦略がこうなることはプレーヤー A にもわかる (推測できる) ことになります。きちんと言うと、

▶ **「② の手番が回れば B が『掃除しない』を選び、③ の手番が回れば B が『掃除する』を選ぶ」ということがプレーヤー A に推測できてしまう**

ということなのです。

したがって、プレーヤー A には、ゲームの木は図 7.6 のように簡略化されたものに見えるようになります。

このゲームの木では、プレーヤー B が絶対選ばない枝を削除してありま

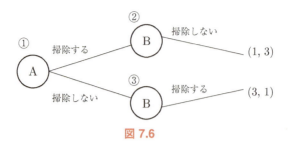

図 7.6

す。これを「**枝刈り**」と呼びます。この枝刈りによって、ゲームの木は簡略になり、手番①でプレーヤー A が行動を選ぶと、それよって一直線に利得にたどり着くことになります。つまり、プレーヤー A は自分がどの行動を選ぶと何点の利得が得られるかがわかってしまう、ということです。したがって、仮定 1 からプレーヤー A は自分の利得が最大となるような行動 (枝) を選ぶことになります。

手番①でプレーヤー A が行動「掃除する」を選ぶと、(B が「掃除しない」を選ぶことによって)、利得は 1 となります。また、手番①でプレーヤー A が行動「掃除しない」を選ぶと、(B が「掃除する」を選ぶことによって)、利得は 3 となります。

このことは図 7.7 における A の利得 (太字) を比べて、それが大きくなる経路 (太線の経路) を選ぶことだと捉えることができます。

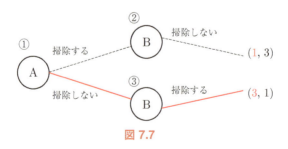

図 7.7

以上によって、プレーヤー A の均衡戦略が次のように決まりました。

> **プレーヤー A の均衡戦略：**
> **手番 ① で『掃除しない』を選ぶ**

両プレーヤーの均衡戦略を合わせて書くと、均衡が求まります。

部屋掃除ゲームの均衡

プレーヤー A の均衡戦略：「手番 ① で『掃除しない』を選ぶ」
プレーヤー B の均衡戦略：「手番 ② では『掃除しない』、手番 ③ では『掃除する』を選ぶ」

これによって、ゲームの均衡経路とプレーヤーの均衡利得が決まります。

部屋掃除ゲームの均衡経路と均衡利得

(均衡経路) 手番 ① でプレーヤー A が行動「掃除しない」を選び、手番 ③ でプレーヤー B が行動「掃除する」を選ぶ。
プレーヤー A の均衡利得は 3、プレーヤー B の均衡利得 1。

均衡が意味すること

　この部屋掃除ゲームの均衡は何を意味するのでしょうか？
　先手の妻は掃除をせず、後手の夫が掃除する結末となりました。夫は、妻に「掃除しない」という行動を選ばれてしまうと、自分が掃除せざるを得ない立場に追い込まれます。なぜなら、自分も掃除をしないと部屋が汚れて、自分も不快になるからです。夫は仕方なく掃除をすることになってしまうわけです。一方、妻は夫がそうすることを見越して掃除を放棄しているわけです。
　このような分担現象は、世の中にけっこう見られます。いわゆる「**先に言った者勝ち**」というやつです。
　さて、部屋掃除ゲームのように、すべての手番がただ一つの分岐点からなるゲームを「**完全情報ゲーム**」と呼びます。完全情報ゲームは、これま

で解説した逆向き推論によって解くことで、均衡を求めることができます。

逆向き推論は必勝法を与える

部分ゲーム完全均衡は、要するに「最も実現しそうな、合理的な戦略の組み合わせ」のことで、「逆向き推論」という手続きで求められました。

逆向き推論

ステップ1：最後の手番において、プレーヤーが最も得になる行動を選ぶ。
ステップ2：最後から2番目の手番において、プレーヤーが最も得になる行動を選ぶ。その際、ステップ1を前提とする。
ステップ3：最後から3番目の手番において、プレーヤーが最も得になる行動を選ぶ。その際、ステップ1、ステップ2を前提とする。
以下同様にして、すべての手番の行動を選ぶ。

このように逆向き推論とは、最後の手番から順に選ぶべき行動を決めていくシステムです。

逆向き推論で決まる均衡戦略が、ゲームの解としての必然性を持つ強い理由があります。それは、「ゲームの必勝戦略が求まる」ということです。勝ち負けを決めるだけのゲーム、すなわち、プレーヤーの利得が、一方が $+x$ で他方が $-x$、という形になっているゲームを「**ゼロサムゲーム**」と呼びます。利得の和がゼロということです。このようなゼロサムゲームには、次のような特徴があります。

ゼロサムゲームの定理

ゼロサムゲームは、必ず、先手必勝または後手必勝である。そして、必勝手順は、逆向き推論で求まる均衡戦略である。

この定理の前半部は、発見者の数学者にちなんで「**ツェルメロの定理**」と呼ばれます。

コイン取りゲームの必勝法

「ゼロサムゲームの定理」を、具体例で確認してみることにします。例としては、「コイン取りゲーム」を取り上げることにします。次のようなゲームです。

N 枚コイン取りゲーム

プレーヤー A と B の 2 プレーヤー・ゲーム。
N 枚のコインからスタートする。
交互にコインを取っていく。1 回に取れるコインは 1 枚、または 2 枚。
最後のコインを取ったほうが負け (利得は -1)。他方が勝ち (利得は $+1$)

以下、N 枚コイン取りゲームの均衡戦略を逆向き推論で求めて行きます。ばかばかしいと思われるかもしれませんが、$N=2$ 枚の場合からスタートします。ゲームの木は、図 7.8 のようになります。

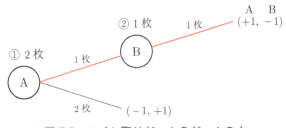

図 7.8 コイン取りゲームのゲームの木

この場合は、逆向き推論は非常に簡単です。最後の手番 ② での均衡戦略は [② −「1 枚」] です。それしか行動が選べないからです (太線)。
次に、最後から 2 番目の手番での均衡戦略も簡単です。
手番 ① で行動「1 枚」を選ぶと B に手番 ② がまわり、B が行動「1 枚」を選ぶことは A に予想できます。このとき、A の利得は $+1$。
他方、手番 ① で A が行動「2 枚」を選ぶと、A の利得は -1 となりま

す。+1 のほうが −1 より大きいので、A の均衡戦略は [① − 「1 枚」] となります (太線)。

以上をまとめると、

> A の均衡戦略は、[① − 「1 枚」]。
> B の均衡戦略は、[② − 「1 枚」]。
> 均衡経路は、A が ① で「1 枚」を選ぶ → B が ② で「1 枚」を選ぶ。
> 均衡利得は、A が +1、B が −1。

ここで、A が均衡戦略の [① − 「1 枚」] を実行すると、B には負けを回避する行動は選べないので、この A の均衡戦略が「先手の必勝戦略」を与えていることがわかります。

次に $N = 3$ 枚の場合の均衡を求めてみましょう。図 7.9 がゲームの木です。

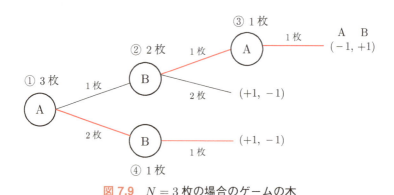

図 7.9　$N = 3$ 枚の場合のゲームの木

このゲームの均衡戦略を逆向き推論で求めてみましょう。

▶ 手番 ④ での B の均衡戦略は、[④ − 「1 枚」]
▶ 手番 ③ での A の均衡戦略は、[③ − 「1 枚」]
　(理由：他に選べる行動がないから)

手番 ② での B の均衡戦略：B が手番 ② で行動「1 枚」を選ぶと、A が手番 ③ で「1 枚」を選ぶと予想できるので、B の利得は +1 となる。手番 ② で行動「2 枚」を選ぶと、B の利得は −1 となる。

よって、B の手番 ② での均衡戦略は [② −「1 枚」]。

手番 ① での A の均衡戦略：A が手番 ① で行動「1 枚」を選ぶと、手番 ② が B にまわり、B が均衡戦略 [② −「1 枚」] から行動「1 枚」を選ぶことは予想できる。このとき、A に手番 ③ がまわり、A の利得は −1 となる。手番 ① で行動「2 枚」を選ぶと、手番 ④ が B にまわり、B が行動「1 枚」を選ぶことは予想できる。このとき、A の利得は +1 となる。

したがって、A の ① での均衡戦略は、[① −「2 枚」]

均衡戦略 (図の太線) をまとめると、

> A の均衡戦略 [① −「2 枚」、③ −「1 枚」]。
> B の均衡戦略 [② −「1 枚」、④ −「1 枚」]。
> 均衡経路は、A が ① で「2 枚」を選ぶ → B が ④ で「1 枚」を選ぶ。
> 均衡利得は、A が +1、B が −1。

ここで、A が均衡戦略の [① −「2 枚」] を実行すると、B には負けを回避する行動は選べないので、この A の均衡戦略が「先手の必勝戦略」を与えていることがわかります。

ここまでをまとめておきましょう。

- $N = 2$ 枚のゲームは先手必勝。
- $N = 3$ 枚のゲームは先手必勝。

ともに必勝戦略は、均衡戦略そのものとなっています。

$N = 4$ 枚と $N = 5$ 枚のケース

$N = 2$ 枚と $N = 3$ 枚の結果を前提として、$N = 4$ のゲームを考えることにしましょう。図 7.10 を見てください。

この場合、手番 ① で A が行動「1 枚」を選ぶと、手番 ② 以降のゲーム

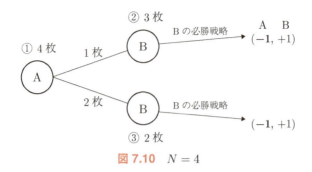

図 7.10　$N = 4$

(部分ゲームと呼ばれます) は $N = 3$ 枚のゲーム (図 7.9 のゲーム) と一致します。

$N = 3$ 枚のケースでは、先手に必勝戦略が存在しましたから、この部分ゲームには B に必勝戦略が存在します。これは B の均衡戦略と一致しています。したがって、この場合、A の利得は -1 となります。

同様に、手番 ① で A が行動「2 枚」を選ぶと、手番 ③ 以降の部分ゲームは $N = 2$ 枚のゲーム (図 7.8 のゲーム) と一致します。

$N = 2$ 枚のゲームでも先手に必勝戦略が存在しましたから、この部分ゲームにも B に必勝戦略が存在します。したがって、この場合も A の利得は -1 となります。

A が手番 ① で「1 枚」を選んでも「2 枚」を選んでも、利得は -1 で同じですから、両方とも均衡戦略となります。つまり、

▶ $N = 4$ 枚のゲームでは、先手 A はどちらの行動を選んでも、後手 B が必勝戦略を用いると必ず負けてしまう

ことになるのです。

以上から、

▶ $N = 4$ 枚の場合は、後手必勝

とわかります。後手の必勝戦略は、$N = 3$ 枚での先手の必勝戦略と $N = 2$ 枚での先手の必勝戦略を組み合わせたものになります。

この $N=4$ 枚のケースを踏まえ、$N=5$ 枚のケースを考えましょう。図 7.11 を見てください。

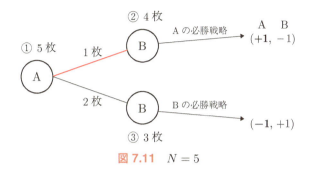

図 7.11　$N=5$

このゲームでは、先手 A が手番 ① で行動「1 枚」を選ぶと後手 B に手番 ② がまわり、ここから先は $N=4$ 枚の部分ゲームと一致します。先ほど解説した通り、この場合、部分ゲームでの先手 ($N=5$ 枚のゲームの後手) B が手番 ② でどの行動を選ぼうが、部分ゲームの後手 A に必勝戦略があり、A の利得は +1 になります。

他方、先手 A が手番 ① で行動「2 枚」を選ぶと後手 B に手番 ③ がまわり、ここから先は $N=3$ 枚の部分ゲームと一致します。先ほど解説した通り、この場合、部分ゲームの先手 B に必勝戦略がありますから、A の利得は −1 となります。

以上によって、A の手番 ① での均衡戦略は、[① −「1 枚」] と決まります。つまり、

▶ $N=5$ 枚のゲームは先手必勝

となります。

$N=2$〜$N=5$ の結果をまとめておきましょう。

コイン取りゲームの必勝側
$N=2$ → 先手必勝
$N=3$ → 先手必勝
$N=4$ → 後手必勝
$N=5$ → 先手必勝

N が6枚以上のケースについても、同じように考えれば、先手必勝か、後手必勝か決定できます。

[参考] なぜ必勝戦略になるのか？

前節では、N 枚コイン取りゲームを具体例にして、このゼロサムゲームが先手必勝か後手必勝か、どちらかであること。それと、逆向き推論によって、必勝戦略が求まること、を説明しました。この説明で、「ゼロサムゲームの定理」(「ツェルメロの定理」) を納得できてしまった読者も多いでしょう。一応ここで、この定理の証明を一般的に述べることとします。少し入りくんだ議論なので、面倒な人は飛ばしても次の講以降には影響がありません。

ゼロサムゲームの一つを G と記すことにしましょう。このゲームのゲームの木の最後の枝は、利得につながっています。利得は、一方が $+x$ で他方が $-x$ です $(x>0)$。

ゲーム G には逆向き推論によって均衡戦略が必ず決定できます。ただし、複数の枝が同じ利得を与える場合は、それらの枝すべてを均衡戦略として扱います。この場合は、均衡戦略の組が複数存在します。

均衡戦略が複数あったとしても、均衡利得はどの均衡戦略に対しても同一でなければなりません。なぜなら、もし大小があるなら、小さいほうの利得を回避するように行動を選べばいいから、それは均衡戦略ではありません。

以上によって、均衡戦略の組は先手の利得が $+x$、後手の利得が $-x$ を与えるか、逆の利得を与えるかいずれかになります。前者が先手必勝、後

者が後手必勝を意味するのですが、それは次のような理由からです。

今、先手の均衡戦略を S1、後手の均衡戦略を S2 と記すことにします。

均衡利得を仮に先手が $+x$、後手が $-x$ としましょう。

お互いが均衡戦略 S1 と S2 を用いれば、当然、先手の勝ちとなります。

そこで、後手が均衡戦略 S2 でない別の任意の戦略 S を用いたとしましょう。

この場合も先手は戦略 S1 を用いれば勝つことができます。

なぜなら、もし戦略 S を用いることで後手が勝つ (利得が $+x$ になる) ことが可能だとすると、そもそも戦略 S2 は先手の戦略 S1 に対して、どこかの手番で最善の応じ方をしていないことになります。これは、戦略 S2 が均衡戦略であることに反しています。

したがって、後手が他の任意の戦略 S に切り替えても、戦略 S1 を用いている先手に勝つことはできません。

それは、すなわち、先手必勝ということを意味しています。

このように、ゲームに必勝戦略が存在する場合は、逆向き推論でそれを求めることができます。したがって、逆向き推論で決まる戦略を均衡戦略とすることには強い必然性があるのです。

次の講で、具体的に経済への応用を与えます。

第 7 講のまとめ

① 展開型ゲームの基本構造は、「プレーヤー」「手番」「行動」「情報」「利得」を決めることで与えられる。

② プレーヤーの戦略とは、そのプレーヤーの全手番での行動を決めたもの。

③ 部分ゲーム完全均衡は、最も実現しそうな、合理的な戦略の組み合わせのことで、「逆向き推論」で求められる。

④ 逆向き推論の手続きは、
ステップ 1：最後の手番において、プレーヤーが最も得になる行動を選ぶ。

ステップ2：最後から2番目の手番において、プレーヤーが最も得になる行動を選ぶ。その際、ステップ1を前提とする。
ステップ3：最後から3番目の手番において、プレーヤーが最も得になる行動を選ぶ。その際、ステップ1、ステップ2を前提とする。
以下同様にして、すべての手番の行動を選ぶ。

⑤ ゼロサムゲームは、必ず、先手必勝または後手必勝である。そして、必勝手順は、逆向き推論で求まる均衡戦略である。

第7講の練習問題

1. 図7.12のゲームの木は、後出しじゃんけんをゲーム化したものである。

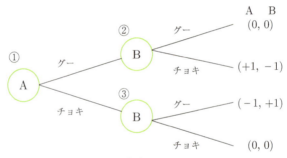

図 7.12　後出しじゃんけん

以下の問題に答えよ。
(1) プレーヤー A の戦略が [① – グー]、プレーヤー B の戦略が [② – チョキ, ③ – グー] のとき、ゲームの進行とプレーヤーたちの利得を求めよ。
ゲームの進行：[　] で A が [　] を選ぶ→[　] で B が [　] を選ぶ
プレーヤー A の利得は (　)、プレーヤー B の利得は (　)。
(2) プレーヤー A の戦略が [① – チョキ]、プレーヤー B の戦略が [② – グー, ③ – チョキ] のとき、ゲームの進行とプレーヤーたちの利得を求めよ。

ゲームの進行：[　　]でAが[　　]を選ぶ→[　　]でBが[　　]を選ぶ
プレーヤーAの利得は(　　)、プレーヤーBの利得は(　　)。
(3) (2)と同じゲームの進行をするようなプレーヤーAの戦略とプレーヤーBの戦略の組で、(2)とは異なる組が一つある。それを答えよ。
Aの戦略：[　　－　　]、Bの戦略：[　　－　　，－　　]

2. 図7.13のゲームの木で表されるゲーム(協調ゲーム)がある。このゲームのプレーヤーは、パソコンを購入しようと思っているアリス(A)とボブ(B)である。最初にAが機種をウィンドウズ(Win)かマッキントッシュ(Mac)かを決め、それを見たBがウィンドウズ(Win)かマッキントッシュ(Mac)かを決める。同じ機種を買えば、情報交換やアプリの共有ができるのでプラスの利得があるが、別々の機種を買うと利得はゼロとなる。
このゲームの部分ゲーム完全均衡について、カッコを適切に埋めよ。

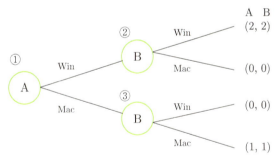

図7.13　アリス(A)とボブ(B)の協調ゲーム

(1) 最後の手番②と③におけるBの均衡戦略を求める。
手番②において、Bが行動(　　)を選ぶと、Bの利得は(ア：　　)。Bが行動(　　)を選ぶと、Bの利得は(イ：　　)。(ア：　　)>(イ：　　)だから、②での均衡戦略は②−(　　)である。
手番③において、Bが行動(　　)を選ぶと、Bの利得は(ウ：　　)。Bが行動(　　)を選ぶと、Bの利得は(エ：　　)。(ウ：　　)>(エ：　　)。

だから、B の ③ での均衡戦略は ③ −(　　) である。

(2) 最後から 2 番目の手番 (最初の手番) における A の均衡戦略を求める。同じカタカナの (　　) には同じ数字が入る。

手番 ① において A が行動 (　　) を選ぶと、(1) の均衡戦略から、B は行動 (　　) を選ぶと推測できるので、このときの A の利得は (オ：　　)。

手番 ① において A が行動 (　　) を選ぶと、(1) の均衡戦略から、B は行動 (　　) を選ぶと予測されるので、このときの A の利得は (カ：　　)。

(オ：　　) > (カ：　　) であるから、A の均衡戦略は ① −(　　) となる。

以上の結果をまとめると、部分ゲーム完全均衡における両プレーヤーの均衡戦略は、

A：[① − 　　] B：[② − 　　, ③ − 　　]

部分ゲーム完全均衡におけるゲームの進行 (均衡経路) と、両プレーヤーの均衡利得は、

ゲームの進行：A が [　　] で (　　) を選ぶ → B が [　　] で (　　) を選ぶ。

プレーヤー A の均衡利得は (　　)、プレーヤー B の均衡利得は (　　)。

第 8 講

戦略としての価格付け

ゲーム理論で現実の問題を分析する

ゲーム理論以前の経済学では、第1講、第2講で説明したように、生産と消費は「**市場**」と呼ばれる仕組みが仲立ちしている、として分析しました。

しかし、ここで言う「市場」とは、抽象的な存在で、具体的にはどんなものかは明示されません。

実際の経済では、人々が、互いの腹の中を探り合い、交渉し、売り買いを決定します。それはあるときは、協力行動であり、あるときは、闘争行動となります。

そのようなプロセスを総合したものが、いわゆる「市場」だと言えるわけです。ゲーム理論の誕生以前には、そのような協力や闘争のプロセスを分析する方法がありませんでした。

ゲーム理論は、人々の経済活動にまつわる協力や闘争のプロセスを分析することを可能にしました。ゲーム理論は、プレーヤーの利害関係と、それに関する推論と、戦略とを表現することを可能にしたからです。

石油の自由化

ゲーム理論の実際の経済問題への応用例として、「石油の自由化」を取りあげます (参考文献 [8])。

1996 年に「石油製品輸入暫定措置法 (特石法)」が廃止され、ガソリン

などの石油製品の輸入が自由化されました。特石法とは、官庁が認めた企業だけが石油輸入販売をできる、という法律です。

特石法廃止の目的は、高すぎる石油価格を下落させて、消費者を利することです。実際、輸入業者が限定されているので、石油価格は高止まりしていたのです。

石油輸入に関する許認可制度が廃止されることで、普通の商社等が新たに参入できるようになります。そうすれば、石油の輸入販売に関して、業者間の競争が生じ、各企業が合理化を進め、その結果として石油価格が下落することが望めます。政府・官庁の見込みはそういうものでした。

ところが実際は、その目的とは裏腹に、商社等の新規参入はほとんど見られませんでした。いわゆる石油精製業社・元売りの寡占体制が維持されました。「寡占」とは、ほんの数社だけで、販売を占領することを言います。

では、規制緩和は何の効果もなかったのでしょうか？

答えは NO です。新規参入がないにもかかわらず、ガソリン価格は急激な下落を見せました。

1994 年には 1 リットルあたり 121 円だったものが、1997 年には 99 円まで下落しています。この間、原油価格は 6 円上昇したので、実質 28 円の下落です。消費税とは別に 53 円の税金がかかっていることを踏まえると、実質半分になったと言えます。この価格下落は、産油国の事情ではなく、国内の事情で生じています。

政府・官庁の目的は達成されましたが、達成された理屈は、想定していないものでした。想定した経路は、

▶ 輸入の自由化　→　新規企業の市場参入　→　企業間の競争激化　→　石油価格の低下

というものでした。しかし、実際の経路は、

▶ 輸入の自由化　→　市場参入なし　→　（？）　→　石油価格の低下

だったのです。この (?) のところに埋まるのは何なのか、というのが分析したいことです。

参入ゲーム

では、「この特石法廃止で何か起きたか」という問題を、ゲーム化して解き明かすことにしましょう。

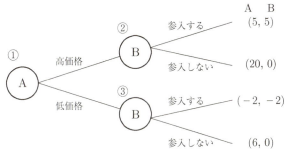

図 8.1　新規参入のゲームツリー

図 8.1 のゲームの木を見てください。2 プレーヤーのゲームで、プレーヤー A は石油輸入の既存企業、プレーヤー B は、特石法の廃止によって新規参入をもくろむ企業です。企業が新規参入するかしないかをゲーム化したものなので、「参入ゲーム」と名付けることにします。

既存企業のプレーヤー A の取れる行動は、「高価格」または「低価格」です。行動「高価格」は、石油を今まで通りの高い価格で売ることです。他方、「低価格」は、石油価格を値下げすることです。プレーヤー A は、どちらの行動も選ぶことができます。

参入をもくろむ企業のプレーヤー B は、プレーヤー A の価格に関する行動を見た上で、行動「参入する」「参入しない」のいずれをも選ぶことができます。

利得の数値を理解するのは、企業の利潤について知る必要があります。

企業の利潤から利得を計算する

企業にとって最も大事なのは「**利潤**」と呼ばれる数値です。これは、商

品を生産し販売した際、材料費や人件費などを引き算して企業に純粋に残るお金のことです。すなわち、

> 利潤=(売上)−(費用)

です。企業は利潤の獲得を目的に経済活動を行うのです。

ここでは、最も簡単な仕組みを想定しましょう。石油の需要が国全体では2単位だとします。このとき、1単位あたり高価格15を付けると売り上げは$2 \times 15 = 30$となります。一方、低価格8を付けると売り上げは$2 \times 8 = 16$となります。また、石油を輸入したり精製したり販売するための費用を1企業あたり10としましょう。

さてこのとき、既存企業Aが「高価格」(15)を選んで、新規企業Bが「参入しない」を選んだ場合、Aの売り上げは30、費用は10なので、利潤は30−10=20となります。これがプレーヤーAの利得です。企業Bは参入しないので、利得はもちろん0です。

次に、既存企業Aが「高価格」(15)を選んで、新規企業Bが「参入する」を選んだ場合、石油を高価格のまま販売するので、売り上げの30はAとBの2社で均等に分け合うことになり、お互いに15ずつとなります。各社の費用は10なので、利潤は15−10=5となります。これが両プレーヤーの利得です。

既存企業Aが「低価格」(8)を選んで、新規企業Bが「参入しない」を選んだ場合、Aの利得は売上16から費用の10を引き算して、16−10=6となります。新規企業Bの利得は参入を断念したため0となります。

既存企業Aが「低価格」(8)を選んで、新規企業Bが「参入する」を選んだ場合、売り上げの16を2社で均等に分け合うので、各社の売り上げは8になります。費用はどちらも10ですから、両者ともに利潤は8−10=−2となります。これらが両社の利得の理由です。

以上を踏まえた上で、次節で、このゲームの均衡を解くことにしましょう。

参入ゲームの均衡を求める

参入ゲームの「部分ゲーム完全均衡」を求めます。次のように、「逆向き

推論」を実行しましょう (図 8.2)。

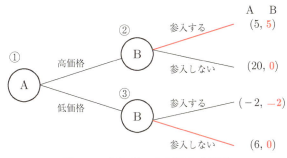

図 8.2 参入ゲームの逆向き推論

　まず、最後の手番 ② と ③ におけるプレーヤー B の「均衡戦略」を決定します。

　手番 ② では、プレーヤー B が行動「参入する」を選ぶと利得は 5、行動「参入しない」を選ぶと利得は 0 です。

　したがって、プレーヤー B の手番 ② での均衡戦略は、行動「参入する」です。

　手番 ③ では、プレーヤー B が行動「参入する」を選ぶと利得は −2、行動「参入しない」を選ぶと利得は 0 です。

　したがって、プレーヤー B の手番 ③ での均衡戦略は、行動「参入しない」となります。

　以上をまとめると、

▶ **プレーヤー B の均衡戦略： ② − 参入する、 ③ − 参入しない**

となります (図 8.2 の太線)。

　次に、手番 ① でのプレーヤー A の均衡戦略を求めます。

　手番 ① は最後から二番目の手番ですが、逆向き推論では、最後の手番である ② と ③ におけるプレーヤーの均衡戦略を前提に手番 ① の均衡戦略が決定される、ということが大事です。手番 ② と ③ での均衡戦略は、先

ほど求めましたので、それ以外の枝はゲームの木から消去します。これが「枝刈り」でした。図 8.3 がそれです。

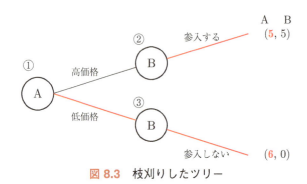

図 8.3 枝刈りしたツリー

この図において重要なのは、プレーヤー A が手番 ① において、どちらの行動を選んでも、枝はひとつながりになっていて、自分の利得がわかる、ということです。この性質が逆向き推論のポイントなのです。

手番 ① において、プレーヤー A が行動「高価格」を選ぶと、手番 ② がプレーヤー B に回ります。このとき、プレーヤー B が行動「参入する」を選ぶことをプレーヤー A は予想できるので、利得が 5 になると予想できます。

手番 ① において、プレーヤー A が行動「低価格」を選ぶと、手番 ③ がプレーヤー B に回ります。このとき、プレーヤー B が行動「参入しない」を選ぶことをプレーヤー A は予想できるので、利得が 6 になると予想できます。

したがって、手番 ① でのプレーヤー A の均衡戦略は、「低価格」となります (図 8.3 の太線)。

まとめると、

▶ プレーヤー A の均衡戦略： ① − 低価格

となります。

これで、両プレーヤーの均衡戦略が決定しました。したがって、均衡でゲームがどのように進行するかという「均衡経路」と、「均衡利得」が次のように決まります。

> 均衡経路：A が手番 ① で「低価格」を選ぶ　→　B が手番 ③ で「参入しない」を選ぶ。
> 均衡利得：A の均衡利得は 6、B の均衡利得は 0。

以上が、逆向き推論によって求めた部分ゲーム完全均衡です。

価格の役割

さて、上記のゲームの均衡が教えてくれることは何でしょうか。それは、**「価格がどんな役割を果たすか」**ということです。

価格というのは、要するに商品の値段です。例えば、ペットボトルのお茶は 110 円程度の値段が付いています。価格を付けることは、それを生産している企業の儲けを決めることです。仮に、ペットボトルのお茶を 1 個生産するのに、50 円かかるとすれば、企業の 1 個あたりの儲けは 110−50＝60 円になります。別の価格、例えば、120 円を付ければ、儲けは 120−50＝70 円となります。

したがって、企業にとっての価格付けの意義は、儲けを最大化する、ということです。儲けは正式には**「利潤」**と言います。経済学における企業の目的は、**「利潤最大化」**です。したがって、価格を p 円に決めたときの消費者が買ってくれる量を $d(p)$ だと知っていて、その量を生産する費用が $c(p)$ の場合には、

$$利潤 = p \times d(p) - c(p)$$

を最大化する p を選んで、企業が価格付けをすると考えます。これが古典的な経済学の価格付けの考え方です。

しかし、この見方では、石油輸入の自由化によって、新規参入がないにもかかわらず、価格が低下したことの理由は説明できません。売れる量 $d(p)$ も費用 $c(p)$ も関数として不変だからです。

ゲーム理論はこの現象をうまく説明しています。実際、均衡では、既存企業 A の行動は「低価格」で、参入をもくろむ企業 B の行動は「参入しない」という結論になったからです。

　ゲームにおける均衡戦略をよく観察すればわかるように、既存企業 A が行動「低価格」を選んだことが、参入をもくろむ企業 B に「参入しない」を選ばせています。実際、手番 ③ でプレーヤー B が「参入しない」を選ぶのは、この手番において、「参入する」を選ぶと利得がマイナスになってしまうからに他なりません。つまり、プレーヤー A が「低価格」を選んだことは、プレーヤー B に参入させない圧力になっているわけです。このことは、価格の別の役割を教えてくれます。

　すなわち、

▶ 価格は外部から市場への参入を防ぐバリアーの役割も果たす

ということです。

　このことを踏まえると、市場を自由に参入できる状態に保つことは、たとえ参入がなくても、既存企業に商品価格を安くする経営努力を促し、消費者を利する、ということがわかります。

　このような現象は、ゲーム理論誕生以前の経済学では、うまく分析できませんでした。企業間の闘争を、価格との関係で表現する方法がなかったからです。ゲーム理論は、そういうことを可能にしたのです。そして、今回説明したように、ゲーム理論を使えば、「価格の闘争的な使い方」を表現することができる、というわけなのです。

第 8 講のまとめ

① 石油の自由化は、新規参入を促さなかったが、石油価格の低下はもたらした。
② 利潤=(売上)−(費用)。
③ 企業は利潤の獲得を目的に経済活動を行う。
④ 参入ゲームの均衡は、既存企業が石油に低価格を付け、新規企業が参

入しない、というものになる。
⑤ 価格は外部から市場への参入を防ぐバリアーの役割も果たす。

第 8 講の練習問題

1. 図 8.4 のゲームの木は、「裁量かルールか」をゲーム理論で理解するためのもの (参考文献 [8])。プレーヤー B である「既存企業」が高コスト体質のまま営業するか、低コスト体質に改めるか、を選び、それを見た上で、プレーヤー A である「政府」が規制で既存企業を保護し続けるか、自由参入にして競争原理を導入するかを決める。

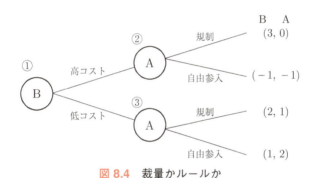

図 8.4 裁量かルールか

このゲームの部分ゲーム完全均衡について、以下の問いに答えよ (プレーヤーの手番がいつもと逆なのに注意せよ。B が先手)。
(1) 部分ゲーム完全均衡におけるプレーヤー A の均衡戦略について、次のカッコを埋めよ。ただし、[ ] は、均衡戦略の根拠となる不等式を表している。
A の ② における均衡戦略は、② −(　　) [(　　)>(　　) だから]。
A の ③ における均衡戦略は、③ −(　　) [(　　)>(　　) だから]。
(2) 部分ゲーム完全均衡におけるプレーヤー B の均衡戦略について、次のカッコを埋めよ。

Bの均衡戦略は①–(　)[Bが①において行動(　)を選ぶと、Aは②において行動(　)を選ぶと予想できるので、Bの利得は(　)となる。Bが①において行動(　)を選ぶと、Aは③において行動(　)を選ぶと予想できるので、Bの利得は(　)となる。(　)>(　)であるから]。

(3) 両プレーヤーの均衡戦略、ゲームの進行(均衡経路)、両プレーヤーの利得を求めよ。

Bの均衡戦略：①–(　)

Aの均衡戦略：②–(　)、③–(　)

ゲームの進行(均衡経路)：(　　　　　　　　　　　　)

(4) 均衡利得：Bは(　)、Aは(　)。

このように、A(政府)が「相手の出方を見てから、自分の出方を決める」という立場をとることを「**裁量**」という。これは、「あとで判断を決める」という有利さを持っているように見えるが、均衡は(　)にとって有利なものとなる。それは、(　)手が自分が有利になるように、(　)手を誘導できるからである。

第9講 企業はなぜ倒産するまで値下げ競争するのか

戦略型ゲーム

　第7講と第8講では、展開型ゲームと部分ゲーム完全均衡について解説しました。このタイプのゲームは、手番があるがゆえ、逆向き推論という機械的な方法で均衡を求めることができました。

　第7講で解説したように、非協力ゲームには戦略型ゲームというもう一つのタイプがあります。これは、プレーヤーが相手の選択した行動を知らないまま、「せーの」で行動を選ぶゲームです。このタイプには逆向き推論のような手法は使うことができません。この第9講では、戦略型ゲームの解き方について解説します。

囚人のジレンマゲーム

　最初に、ゲームの定義について解説します。最も有名な「**囚人のジレンマゲーム**」を例としましょう。次のような設定です。

　今、犯罪の容疑者2人が、おのおの別の部屋で取り調べを受けていて、犯行を自白することを求められています。この容疑者2人をプレーヤーAとBとし、選べる行動は両プレーヤーともに「黙秘」「自白」の2つです。

　利得の構造は、以下のようになっています。

　両プレーヤーともに「黙秘」を選べば、犯行は立証されず、取り調べの1年の拘束で済むので、両者とも −1 点です。

両プレーヤーともに「自白」を選ぶと、犯行が立証され有罪となり、両者ともに懲役5年の刑が科され、両者とも −5 点となります。

問題は、一方が自白し他方が黙秘した場合です。この場合は、自白したほうは司法取引によって即時釈放で 0 点、黙秘したほうは重い刑 10 年を科され、−10 点となります (司法取引は日本でも、2018 年から導入されています)。

表 9.1 囚人のジレンマゲームの利得行列

A \ B	黙秘	自白
黙秘	−1 , −1	−10 , 0
自白	0 , −10	−5 , −5

この構造を表したものが表 9.1 です。これを**利得行列**と言います。

一番左側の列はプレーヤー A の選べる行動で「黙秘」と「自白」。一番上の行は、プレーヤー B の選べる行動で、同じく、「黙秘」と「自白」です。数値の部分は、プレーヤー A と B が選んだ行動の組に対応して、両者の利得が何点になるかを与えます。左側の数値が A の、右側の数値が B の利得です。

ゲームの構造をうわべだけで見ると、両プレーヤーともに行動「黙秘」を選ぶのが正しい気がします。両者ともたったの 1 年の拘束で無罪放免されるからです。ただ、裏切って自白すれば即時釈放される、という「裏切りの誘惑」があることも見逃せません。とは言っても、両者ともに裏切れば、長い刑期が科されるから難しいのです。

戦略の強支配

ここでこのゲームにおけるプレーヤーの「戦略」を定義します。ここでは、「**純粋戦略**」と呼ばれる戦略を採用します。純粋戦略とは、各プレーヤーの選べる行動そのものです。すなわち、両プレーヤーの戦略は、ともに「黙秘」と「自白」となります。ここで、わざわざ行動を戦略と呼び変えるのは、行動と異なるように戦略を定義する場合もあるからです (本書

では扱いませんが、混合戦略というのがあります)。
この定義の下でのゲームの均衡は、

▶ **合理的なプレーヤーの選ぶであろう純粋戦略の組み合わせ**

です。

では、このゲームの均衡 (ゲームの解) を求めるにはどうしたらいいでしょうか。大事なことは、「互いに相手の思考を読む」ということです。ここでは「仮説を立てて考える」という思考の読み方を試してみましょう。

今、プレーヤー A の立場で考えます。プレーヤー A は、相手 B が「黙秘」と「自白」のどちらの行動を選ぶか考えます。そして、

▶ **「仮に B が黙秘を選ぶとしてみよう」**

という仮説を立ててみます。この仮説の下では、自分がどちらの行動を選ぶべきかは明白です。表 9.2 を見ながら以下を確認してください。

表 9.2

A \ B	黙秘
黙秘	−1 , −1
自白	**0** , −10

「B が黙秘」の仮説の下では、A は、

　　黙秘　→　−1　　　自白　→　**0**　　(表 9.2 の表中の太字)

したがって、この仮説の下では、「自白」が正しい選択となります。次に、

▶ **「仮に B が自白を選ぶとしてみよう」**

という仮説を立ててみます。すると、

表 9.3

A \ B	自白
黙秘	−10 , 0
自白	**−5** , −5

「Bが黙秘」の仮説の下では、Aは、
　　黙秘 → −10　　　自白 → −5　　（表9.3の表中の太字）
したがって、この仮説の下では、「自白」が正しい選択となります。どちらの仮説の下でも戦略「自白」を選ぶことが正しいことがわかりました。この場合を、

> 戦略「自白」は戦略「黙秘」を強支配する

と言います。正式な定義は以下です。

戦略の強支配の定義

　プレーヤーXの戦略Sと戦略Tに関し、他のプレーヤーたちの任意の戦略に対して、
　　(Sの与える利得)　＞　(Tの与える利得)
となるとき、「戦略Sは戦略Tを**強支配**する」という。

この定義の下で、「**支配戦略**」を次のように定義します。

支配戦略の定義

　戦略Sが、他のすべての戦略を強支配するとき、戦略Sを**支配戦略**と呼ぶ。

　以上の定義から、プレーヤーAの戦略「自白」は戦略「黙秘」を強支配し、したがって、支配戦略であるとわかります。支配戦略があるなら、相手のどんな戦略に対してもいつも最大の利得を与えるので自分の他の戦略は考える必要がない、と解釈できるでしょう。

囚人のジレンマゲームの均衡

　囚人のジレンマゲームは、プレーヤーAとBに対して対称的ですから、プレーヤーBに対しても戦略「自白」は支配戦略となります。支配戦略は「相手の戦略に依存せずいつも最大の利得を与える」ので、これを選択する

のは合理的だと考えられます。すなわち、

> 全プレーヤーに支配戦略が存在するなら、その支配戦略の組がゲームの均衡

と考えるべきです。したがって、囚人のジレンマゲームにおいては、

> A が戦略「自白」を選び、B が戦略「自白」を選ぶ

というのが、ゲームの均衡 (すなわち、解) となります。

この場合の「相手の思考を読む」というのは以下のようなものだと考えられます。

> 「仮に相手が戦略 S を選ぶとする」という仮説を立てる。
> → そのときの最善の行動を考える。
> → 実は S が何であっても最善の行動は同じ。
> → だったら相手の思考は考える必要はない。

さて、なぜこのゲームが「ジレンマ」と呼ばれるかを説明しましょう。

それは、両プレーヤーが結託して「黙秘」を選ぶなら利得 -1 で済むものを、両方とも合理的な行動として「自白」を選んで利得 -5 となってしまう、という結末に陥るからです。

なぜこんなことになるか、というと、自分が「黙秘」を選ぶと相手が考えるなら、相手には「自白」という裏切りの誘惑が生じるからです。そして、その裏切りを自分も予測できるからです。しかし、両者の裏切り合いは、両者に不幸な事態をもたらす構造になっているのです。これは、

> 個人として合理的な行動が、集団として不合理な行動を導いてしまう

というショッキングなことを意味しています。大げさに言えば、

> 社会において個人全員が合理的であっても、社会そのものが合理的でないことはありうる

ということになるのです。これが、ゲーム理論が世の中に与えたインパクトでした。

ちなみに、この囚人のジレンマゲームのメカニズムを利用した「リニエンシー制度」という面白い試みがあるので、162ページのコラムで読んで下さい。

企業の過当競争

囚人のジレンマの構造は、経済活動の中にも表れます。「**過当競争**」と呼ばれるものがそれです。

過当競争とは、同種の企業たちが自分たちの市場占有率を拡大しようとして、商品の値下げをし合うことで、全企業が赤字に陥ってしまう現象です。かつて、牛丼チェーンが値下げ競争を繰り広げ、倒産の危機に陥ったことは記憶に新しいことです。

この現象は、囚人のジレンマゲームと同じ構造のゲームで説明することができます。第8講128ページの石油販売の企業の例をもう一度持ちだしましょう。石油の需要も、価格も、生産費用も全く同じ設定とします。ただし、第8講で参入を問題にしたのとは変えて、市場で企業Aと企業Bの2社が競争をしている状況を考えましょう。

両プレーヤーの戦略は「高価格」(すなわち、15) と「低価格」(すなわち、8) だとします。ここで、両者が同じ価格で石油を販売したときは売り上げを均等に分けるとします。互いに「高価格」なら両者とも5の利得、互いに低価格なら両者とも -2 の利得です（130ページ参照）。しかし、一方が「高価格」を選び、他方が「低価格」を選んだ場合は、「低価格」の企業に全売り上げを奪われることになります。つまり、「低価格」の企業の利得は、$2 \times 8 - 10 = 6$ となり、「高価格」の企業の利得は $0 - 10 = -10$ となるのです。以上を利得行列にまとめると、表9.4になります。

この利得行列の利得の大小関係の構造が表9.1のものと同じであることがわかるでしょうか。実際、相手が「高価格」を選ぶと仮定しても、「低価格」を選ぶと仮定しても、自分は「低価格」を選ぶほうが利得が大きい、という構造になっています。つまり、「低価格」が「高価格」を強支配し、「低

表 9.4　利得行列

A \ B	高価格	低価格
高価格	5 , 5	−10 , 6
低価格	6 , −10	−2 , −2

価格」が支配戦略となっています。したがって、均衡は、

> プレーヤー A が「低価格」を選び、プレーヤー B も「低価格」を選ぶ

となります。しかし、この均衡では両プレーヤーともに利得は −2 となって赤字に陥ります。両社が結託して「高価格」を選べば両社ともプラスの利得を得られるのに、均衡では、値下げをし合って赤字に陥る悲劇的な結果となるのです。

これは、企業競争で起こる過当競争をうまく説明しています。

宿題のコピペゲーム

戦略の強支配を使って均衡を求める次の例を紹介しましょう。次のようなゲームです。

このゲームは、読書感想文やレポートなどをインターネットのウェブから丸写しして提出しようとする生徒とそれを阻止しようとする先生の間のバトルです。

プレーヤーは、「先生」と「生徒」。

生徒の使える戦略は、

　　「ズルしてウェブから写す」(「ズル」と略記)

と

　　「真面目にやる」(「真面目」と略記)

の 2 通りです。

他方、先生の使える戦略は、

　　「無チェック」(「無」と略記)
　　「抜粋チェック」(「抜」と略記)

「全チェック」(「全」と略記)
の3通り。両者の戦略の組が決まると、それに対応して両者の利得が決まるのですが、それは表9.5のようになっています。

表 9.5 宿題のコピペゲームの利得行列

生徒＼先生	無	抜	全
ズル	2, 0	1, 2	−1, 1
真面目	0, 3	0, 1	0, 0

利得の構造は以下のような意味です。

すなわち、生徒は「真面目」だと利益はない (0点) が、「ズル」の場合、先生が「無」か「抜」なら利益があり (それぞれ2点、1点)、「全」の場合は必ずバレるので損害が出ます (−1点)。

他方、先生のほうは、生徒が「真面目」の場合に、労力の点から、「無」、「抜」、「全」の順で利益が大きい (それぞれ3点、1点、0点) が、「ズル」の場合は、労力とつかまえる教育効果の点から「抜」、「全」、「無」の順で利益が大きい (それぞれ2点、1点、0点) となっているわけです。

利得行列をじっくり眺めてください。どちらのプレーヤーにも支配戦略がないことを確かめましょう。実際、生徒は先生の戦略が「無」なら「ズル」が最善、「全」なら「真面目」が最善です。先生も、生徒の戦略が「ズル」なら「抜」が最善で、「真面目」なら「無」が最善です。つまり、最善な戦略が相手の戦略に依存するので支配戦略はありません。

しかしここで、「プレーヤーの思考」「思考の読み合い」を導入すると、均衡が求まるのです。まず、支配戦略はなくとも、戦略の強支配関係なら見つかります。実際、

▶ **先生の戦略「抜」は戦略「全」を強支配している**

ことがわかります。生徒の戦略が「ズル」であっても「真面目」であっても、「抜」のほうが「全」より先生の利得が大きくなるからです。したがって、先生がプレーヤーとして合理的なら戦略「全」は選択しないでしょう。

大事なことは、

このことを生徒も予想できること

です。つまり、生徒は、先生が戦略「全」を選ばない、と予想するわけです。両プレーヤーともに戦略「全」が使われないと結論するので、戦略「全」を利得行列から削除することができます (表 9.6)。これを、「**強支配による戦略の消去**」と呼びます。

表 9.6　強支配による戦略の消去

生徒＼先生	無	抜	全
ズル	2, 0	1, 2	−1, 1
真面目	0, 3	0, 1	0, 0

戦略「全」が消去されたことで、強支配関係が新しく生じます。

生徒の戦略「ズル」は「真面目」を強支配します。実際、先生の戦略が「無」でも「抜」でも生徒は「ズル」を選んだほうが利得が大きいです。消去前は「ズル」は「真面目」を強支配していません。先生が「全」を選ぶなら、生徒は「真面目」の選ぶほうが利得が大きいからです。この強支配関係は「全」が消去されたことから生じたのです。生徒が戦略「真面目」を選ばないことは先生にも予想できます。したがって、利得行列は表 9.7 に変化します。

表 9.7　「全」と「真面目」が消去された利得行列

生徒＼先生	無	抜	全
ズル	2, 0	1, 2	−1, 1
真面目	0, 3	0, 1	0, 0

「全」と「真面目」が消去された利得行列 (表 9.7) を見ると、再度、強支配関係が生じます。先生の戦略「抜」は戦略「無」を強支配します。「抜」を選ぶほうが「無」を選ぶより先生の利得が大きいからです。もちろん、この強支配関係は、最初はありませんでした。戦略「真面目」が消去されたことで生じたのです。この強支配関係を使って、戦略「無」を消去しましょう (表 9.8)。

表 9.8 戦略「無」を消去した利得行列

生徒＼先生	無	抜	全
ズル	2, 0	1, 2	−1, 1
真面目	0, 3	0, 1	0, 0

　以上によって、残る戦略の組は、生徒の「ズル」と先生の「抜」ということになります。これがゲームの均衡 (ゲームの解) です

　生徒も先生も合理的なら、結局この戦略の組が実現されると考えられるからです。

　以上のように強支配される戦略を順次消去していく手続きを「**強支配による逐次消去**」と呼びます。そして、この「強支配による逐次消去」によって唯一の戦略の組が生き残る場合、これをゲームの均衡と定義します。

　この方法論は、ゲールの論文 (1953) やルース＆ライファの論文 (1957) によって最初に研究されました（参考文献 [9]）。「強支配による逐次消去」によって均衡を求めるのは、「相手の手を読む」というゲーム理論本来のテーマに合致していることがわかるでしょう。実際、

> 先生の「抜」は「全」を強支配
> 　→　生徒は先生が「全」を使わないと予想
> 　→　「全」の消去
> 　→　生徒の「ズル」は「真面目」を強支配
> 　→　先生は生徒が「真面目」を使わないと予想
> 　→　「真面目」の消去
> 　→　生徒は「ズル」を選択
> 　→　先生は「抜」を選択

という形で、「互いに相手の思考の読む」を実行しているからです。

セカンド・プライス・オークションの均衡

　この支配関係の考え方を利用すると、第 3 講 (45 ページ) で解説したセカンド・プライス・オークションに対して、ゲーム理論による解を与える

ことができます。

　セカンド・プライス・オークションでは、競り落としたい商品に対して各自が価格を書いて入札します。そして、最も高い価格を入札した人が二番目に高い入札価格で競り落とす、という仕組みでした。

　このオークションは次のようにゲームに仕立てることができます (利得行列はわかりにくいので与えない)。プレーヤーの選べる行動は、入札額 x です。そして、利得は、自分が最も高い入札をした場合には、(自分の内的評価)−(2番目に高い入札額)、となります。一方、自分が最も高い入札額でなかった場合には、0となります。

　例えば、自分の内的評価が10万円のワインに対して、9万円を入札したとしましょう。

　もしも、あなたの入札額が一番高くて、次に高い入札額が7万円だったら、あなたがワインを7万円で競り落とすことになります。このときあなたの利得は内的評価が10万円のワインを7万円の価格で手に入れたから10−7=3万円です。他方、一番高い入札額が他の人の11万円だった場合、あなたは競り落とせないので、利得は0となるわけです。

　このとき、非常に面白いことがわかります。それは、

> 自分の内的評価をそのまま入札することが弱支配戦略になる

ということなのです。ここで「**弱支配戦略**」というのは、支配戦略より若干弱いもので、次のような取り決めになります。

戦略の弱支配の定義

　プレーヤー X の戦略 S と戦略 T に関し、他のプレーヤーたちの任意の戦略に対して、
　　(S の与える利得)　≧　(T の与える利得)
となるとき、「戦略 S は戦略 T を弱支配する」という。

　強支配は不等号 > だったのに対して、弱支配は ≧ であるのがポイントです。つまり、=のケースも含める、ということです。この定義の下で、「弱

支配戦略」を次のように定義します。

> **弱支配戦略の定義**
>
> 戦略 S が、他のすべての戦略を弱支配するとき、戦略 S を弱支配戦略と呼ぶ。

初めてだと理解しづらいとは思いますが、要するに弱支配戦略とは、

相手の戦略と関係なく最善の利得を与える戦略の うちの一つ

ということです。つまり、最善の戦略は一つとは限らず、他にあってもかまわないということにすぎません。

説明を簡単にするため、同じ金額の入札によるタイブレークは起きないこととして解きます (タイブレークのときは、じゃんけんで決めるとすればいいだけですが、面倒になる)。

先ほどのワインの例で説明しましょう。あなたにとって、ワインに対する内的評価 10 万円を正直に入札することが弱支配戦略となる理由を説明します。

まず、他のプレーヤーたちの最大の入札額 m が 10 万より高い場合を考えます。

m より高い額を入札して競り落とすと、あなたは m を支払うことになるので利得は $10-m$ (マイナス) になってしまいます。10 を入札すれば利得は 0 です。

また、m より小さい入札では競り落とせませんから、利得は 0 です。

したがって、10 が最善の一つです。

次に、他のプレーヤーたちの最大の入札額が 10 より小さい場合、あなたは 10 を入札することで競り落とすことができ、利得は $10-m$ になります。

この場合、m より大きい額ならいつでも競り落とすことができ、利得は同じ $10-m$ になりますから、10 を入札することは最善の一つです。

そして、m より小さい額を入札すると競り落とせず利得は 0 ですから、やはり 10 が最善の一つです。

以上から、他のプレーヤーの入札 (戦略) に関係なく、あなたは 10 を入札することでいつも最大の利得を得ることができるので、10 の入札が弱支配戦略ということになるわけです。

第 9 講のまとめ

① プレーヤー X の戦略 S と戦略 T に関し、他のプレーヤーたちの任意の戦略に対して、
　　(S の与える利得)　＞　(T の与える利得)
となるとき、「戦略 S は戦略 T を強支配する」という。
② 戦略 S が、他のすべての戦略を強支配するとき、戦略 S を支配戦略と呼ぶ。
③ すべてのプレーヤーに支配戦略があるとき、その組は均衡を与える。
④ 強支配による逐次消去で唯一の戦略の組が残る場合、それは均衡を与える。
⑤ 囚人のジレンマゲームでは、個人として合理的な行動が、集団として不合理な行動を導いてしまう。
⑥ プレーヤー X の戦略 S と戦略 T に関し、他のプレーヤーたちの任意の戦略に対して、
　　(S の与える利得) ≧ (T の与える利得)
となるとき、「戦略 S は戦略 T を弱支配する」という。
⑦ 戦略 S が、他のすべての戦略を弱支配するとき、戦略 S を弱支配戦略と呼ぶ。
⑧ セカンド・プライス・オークションでは、内的評価を正直に入札するのが弱支配戦略となる。

第 9 講の練習問題

1. 表 9.9 の利得行列は、サッカーチーム A とサッカーチーム B の戦略と利得を表している。チーム A の選べる純粋戦略は X、Y、Z の 3 通り、チーム B の選べる純粋戦略は P、Q の 2 つである。このサッカーの試合は

第 9 講　企業はなぜ倒産するまで値下げ競争するのか

勝ち・負けを決めるだけでなく、得失差が重要となるものなので、利得は得失差を表している。以下の問いのカッコを適切に埋めよ。

表 9.9　サッカーチームの利得行列

A＼B	P	Q
X	0 , 0	1 , −1
Y	−4 , 4	2 , −2
Z	−2 , 2	−3 , 3

(1) チーム (　　) の戦略 (　　) は戦略 (　　) を強支配しているので、戦略 (　　) を消去できる。

(2) (1)の消去の下で、チーム (　　) の戦略 (　　) は戦略 (　　) を強支配するようになるので、戦略 (　　) を消去できる。

(3) (2)の下でチーム (　　) の戦略 (　　) は戦略 (　　) を強支配するようになるので、戦略 (　　) を消去できる。

(4) したがって、このゲームの均衡は、チーム A が戦略 (　　) を選び、チーム B が戦略 (　　) を選ぶことである。

第 10 講
ナッシュ均衡はいろいろな事例を説明できる

戦略の強支配で解けないゲーム

　第 9 講では、ワンショットの戦略型ゲームを強支配による逐次消去で解く方法を解説しました。これは、「互いに相手の思考を読み合う」というゲーム理論の本来の意図にとてもマッチした解法だと言えます。

　しかし、困ったことに大部分のゲームにおいて、強支配による逐次消去は機能しません。強支配関係がないのが一般的だからです。例えば、表 10.1 の利得行列を持つゲームを見てみましょう。

表 10.1　デートゲーム

A＼B	野球	ミュージカル
野球	2 , 1	0 , 0
ミュージカル	0 , 0	1 , 2

　このゲームは、恋人同士の男子 A と女子 B が、デートとして「野球」か「ミュージカル」かの選択をゲーム化したものです。

　恋人同士ですから、別々のものを選ぶとデートにならないので、両プレーヤーとも利得は 0 です。二人して「野球」を選ぶときは、野球好きの男子 A の利得が 2、女子 B の利得は 1 です。二人して「ミュージカル」を選ぶのは、ミュージカル好きの女子 B の利得が 2 で、男子 A の利得は 1 です(男女の好みを決めつけていると憤慨する読者がいるかもしれませんが、筆

者の調査では野球好きの女子は非常に少なく、ミュージカル好きの男子も非常に少ない、というのを下敷きにしていますのでご容赦ください)。

さて、このデートゲームには戦略の強支配関係がありません。実際、プレーヤー A にとっては、プレーヤー B が「野球」を選ぶなら自分も「野球」を、「ミュージカル」を選ぶなら自分も「ミュージカル」を選んだほうが利得が大きいからです。このことはプレーヤー B にとっても同じです。つまり、相手の選ぶ戦略によって最善の戦略が変わるのです。

このように、戦略の強支配が存在しないので、支配戦略も存在せず、逐次消去もできません。したがって、第 9 講の方法では均衡を決めることができません。

ナッシュ均衡の登場

フォン・ノイマンとモルゲンシュテルンがゲーム理論を提唱して以来しばらく、均衡をどのように定義するかが問題になりました。フォン・ノイマンとモルゲンシュテルンは、マックス・ミニ戦略というのを均衡と定義したのですが、これは 2 人ゼロサムゲームという特殊なゲームだけに通用する考え方でした。また、その後の強支配による逐次消去もほとんどのゲームには使えません。

そこに現れたのが、数学者ナッシュの発想です。ナッシュは 1950 年のたった 2 ページの論文において、「**ナッシュ均衡**」の考え方を提示しました。それは、次のような均衡の定義です。

ナッシュ均衡

プレーヤー A の戦略 S_A とプレーヤー B の戦略 S_B とがナッシュ均衡ではあるとは、次の 2 条件が成り立つこと。

(1) プレーヤー A の戦略 S_A は、プレーヤー B が戦略 S_B を選ぶ下では最大の利得を与える。
(2) プレーヤー B の戦略 S_B は、プレーヤー A が戦略 S_A を選ぶ下では最大の利得を与える。

これは第 9 講の戦略の弱支配と似た考え方ですが、それらよりかなり緩いものです。弱支配というのは、相手がどんな戦略を選んでいてもその戦略が最大の利得を与える、というものでしたが、ナッシュ均衡は相手の特定の戦略 (ナッシュ均衡の戦略) に対してのみ最大の利得を与えるものだからです。

ナッシュ均衡に慣れるため、先ほどのデートゲームのナッシュ均衡を求めてみましょう。ナッシュ均衡は次の 2 つがあります。

(デートゲームのナッシュ均衡その 1)
プレーヤー A が「野球」を選び、プレーヤー B が「野球」を選ぶ。
均衡利得は、A が 2、B が 1。

(デートゲームのナッシュ均衡その 2)
プレーヤー A が「ミュージカル」を選び、プレーヤー B が「ミュージカル」を選ぶ。
均衡利得は、A が 1、B が 2

これらがちゃんとナッシュ均衡になっていることを確認してみましょう。ナッシュ均衡その 1 を見てみます。

表 10.2 プレーヤー B の戦略を「野球」に固定

A \ B	野球
野球	2, 1
ミュージカル	0, 0

表 10.2 を見てください。プレーヤー B の戦略を「野球」に固定した下では、プレーヤー A の戦略「野球」が最大の利得を与えます (「ミュージカル」の利得 0 より大きい)。

同様に、表 10.3 を見ると、プレーヤー A の戦略を「野球」に固定した下では、プレーヤー B の戦略「野球」が最大の利得を与えます (「ミュージカル」の利得 0 より大きい)。

以上で、ナッシュ均衡その 1 が、ちゃんとナッシュ均衡の条件を満たし

表10.3 プレーヤー A の戦略を「野球」に固定

A \ B	野球	ミュージカル
野球	2 , 1	0 , 0

ていることが確かめられました。ナッシュ均衡その2についても全く同様の作業で確認できます。

他の戦略の組がナッシュ均衡になっていないことも確認しましょう。

例えば、プレーヤー A が「野球」を選び、プレーヤー B が「ミュージカル」を選ぶのはナッシュ均衡になりません。なぜなら、プレーヤー A は、プレーヤー B が「ミュージカル」を選んでいる下では、「野球」が最大の利得を与えず、それなら自分も「ミュージカル」を選んだほうが利得を大きくできるからです。

プレーヤー A が「ミュージカル」を選び、プレーヤー B が「野球」を選ぶのも、同様の理由でナッシュ均衡になりません。

しがらみとしてのナッシュ均衡

ナッシュ均衡はどんな意味を持っているでしょうか。

デートゲームのナッシュ均衡その1を見ると、両プレーヤーが「野球」を選ぶのは、相手が「野球」を選ぶことが原因になっています。つまり、

> 「相手が野球を選ぶなら、自分も野球を選ぶ」という一種の「しがらみ状態」になっている

ということです。

ナッシュ均衡の定義を読み直せばわかるように、ナッシュ均衡とは「相手がその戦略を選ぶなら、自分はこの戦略を選ぶのが最適」と互いになっている、ということです。これはまさに「しがらみ状態」を意味しています。自分が「野球」を選ぶ理由は、相手が「野球」を選んでいるからですが、相手が「野球」を選んでいる理由も、自分が「野球」を選んでいるから、という「お互い様」なのです。

したがってナッシュ均衡は、「一度実現するとなかなか脱出できない」、と

考えられます。なぜなら、自分ひとりが離脱すると自分が損をしてしまうからです。例えば、両者が「野球」を選んでいるとき、プレーヤー A だけが「ミュージカル」に変えると、利得は 2 から 0 に減ってしまいます。

このようにナッシュ均衡は、

▶ ある種の「つりあい」を実現させる

と考えられます。だから「均衡」と呼ばれるのです。

ナッシュ均衡は、現在、ゲーム理論における最も基本となる均衡の考え方となっています。それは、戦略を確率的な混合戦略 (本書では解説しない) まで認めれば、あらゆる戦略型ゲームにナッシュ均衡が存在することが知られているからです。また、第 9 講で支配戦略によって定義した均衡も、強支配戦略による逐次消去で定義した均衡もナッシュ均衡に含まれることが証明できるからです。

右へ倣え均衡

デートゲームでは、両者とも「野球」のナッシュ均衡と、両者とも「ミュージカル」のナッシュ均衡がありました。つまり、「相手と同じことをするのが良い」、という均衡だということです。これを、「**戦略的補完性**」と呼びます。

▶ 他のプレーヤーと同じ戦略を選ぶのがナッシュ均衡になることを戦略的補完性という。

戦略的補完性に注目すると、いろいろな事例の背後の理屈を解明することができます。例えば、デートゲームで両者ともに「ミュージカル」を選んでいる場合、本当は男子 A が「野球」のほうがいいのにいつも「ミュージカル」、ということが起き得てしまいます。「相手に合わせる」ことを互いにしてしまうからです。

戦略的補完性を使って、「VHS・ベータ戦争」という事例を分析してみましょう。「VHS・ベータ戦争」というのは、ビデオ機が開発されたとき、VHS というタイプとベータというタイプの 2 種類の機種が開発され、販売

競争になりました。違いはわずかにはありましたが、そんなに大きな違いはありませんでした(と筆者は思っています)。しかし、次第にVHSが優勢になり、最終的にはベータが淘汰されることになったのです。これはどういうことでしょうか。そこには、戦略的補完性が働いていたと考えられるのです。

表 10.4 　VHS ・ベータゲーム

A＼B	VHS	ベータ
VHS	1 , 1	0 , 0
ベータ	0 , 0	1 , 1

表10.4の利得行列を見てください。両プレーヤーともに「VHS」ならともに1、両プレーヤーともに「ベータ」ならともに1、戦略が異なると両プレーヤーともに0という構造になっています。利得は「両者が同じ戦略ならプラス」という形になっているわけですが、理由はこういうことです。同じ機種のビデオ機なら録画データの貸し借りが可能になりますが、機種が異なるとそれができなくなって不便、という理由です。

このゲームのナッシュ均衡は、

▶ 両プレーヤーともに「VHS」

と、もう一つ、

▶ 両プレーヤーともに「ベータ」

であることは、ちょっと考えれば確認できるでしょう。そして、戦略的補完性があることもすぐわかるでしょう。

この場合、一度「VHS」の均衡がなんらかの偶然によって達成されると、そこから脱出できなくなるのです。それは「みんながVHSを選ぶなら、自分も選んだほうがいい」という戦略的補完性の構造があるからに他なりません。したがって、大きな利便性からというわけではなく「VHS」が優勢になると、あっという間に「VHS」の均衡が達成されることになるのです。もちろん、戦略的補完性だけが根拠なら、市況の流れによっては「ベータ」

の均衡が達成されても不思議ではなかったわけです。

銀行の取りつけ

　戦略的補完性の作り出す複数の均衡は、一方が明確に悪い場合には、社会的非効率性という悲劇を生み出すことがあります。このことを、「銀行の取りつけ」の例で解説しましょう。

　銀行に預金を行うとき、最も用心しなければならないのは銀行の倒産です。ペイオフ制度が実施されている現在は、預金している銀行が倒産すると、元本1000万円とその利子までしか預金は保護されません。

　銀行というのは、次のような理屈で収益を生み出しています。

　今、預金者が総額として1兆円の預金をしているとしましょう。銀行は、預金の引き出しに備えて、常に現金を保有していなければなりません。しかしそれは、1兆円全額ではないのです。仮に、1日に預金の引き出しの必要が5％分の預金額だけ生じるとしましょう。つまり、500億円が引き出される可能性があるわけです。この場合は、変動も考慮に入れて、銀行は2倍の1000億円程度の現金を保有しているだけでいいでしょう。だとすれば、あとの9000億円は企業や個人に貸し出せます。その利子収入から銀行の利益が生まれるのです。

　このシステムからは、基本的に銀行が破綻することは起こらないと考えられます。なぜなら、預金引き出しの必要は、預金者個人個人に独立に偶発的に生じるのであって、そこに戦略的な関係は存在しないからです。

　しかし、預金者の間に一度戦略的関係が生じたら話が変わります。つまり、預金を引き出す理由が、「具体的な必要が生じたから」からではなく、「みんなが引き出すから」となった場合、問題が起きるのです。このときは、預金者の行動は独立ではなくなり預金の引き出しが連鎖することになってしまいます。多くの預金者が「破綻する」と推論して、預金を引き出そうとすれば、まさにその事実によって破綻してしまいます。これが「銀行取りつけ」と呼ばれるものです。

　他の預金者が預金を引き出すなら、銀行が倒産する危惧から自分も預金を引き出したほうがいいし、他の預金者が預金を引き出さないなら、破綻

は当面ないから利子を獲得したほうがいい。つまり、「他の預金者に足並みを揃えるほうがいい」という状況に預金者全員が置かれているのです。

このような戦略的補完性の下で複数の均衡が生じるのは、ビデオ機のときと同じです。銀行には「誰もが預金を保持し経営が安定する」均衡と「みんながこぞって預金を引き出す取りつけ」均衡と二種類のナッシュ均衡が存在すると考えられます。

このとき、たとえ銀行が取りつけによって現実に破綻しても、それは銀行の責任ばかりとはいえないのです。さしたる理由もなく「みんなが足並みを揃える」ことで破綻することが起きうるからです。実際、昔、こんなことがありました。すなわち、一人の女子高生の流した根も葉もないデマが風説を引き起こし、信用金庫から多額の預金が流出した事件です。

企業の利潤はゼロに近づく

ナッシュ均衡が経済学にもたらしたインパクトはたくさんありますが、複数の企業の競争を分析できるようになったのもその一つです。

複数の企業が同一の需要曲線に直面して市場競争をしているとき、価格や生産量はどうなるのか。ゲーム理論のおかげでそれが分析できるようになったのです。

企業競争の分析の有名な設定は、クールノー競争、ベルトラン競争、シュタッケルベルク競争と3種類ありますが、ここでは最もわかりやすいベルトラン競争を解説します。

今、石油を販売するプレーヤーAとプレーヤーBがいます。石油の全需要は価格によらず一定で10単位とします。一方、両プレーヤーとも石油販売にかかる費用は石油1単位あたり2だとします。したがって、利潤は1単位あたり「(価格)から2を引いた額」となるわけです。

ここで、プレーヤーの選べる戦略は「価格」です。プレーヤーAの選ぶ価格をp_A、プレーヤーBの付ける価格p_Bをとするとき、利得は次のようになります。

> p_A が p_B より小さいなら、消費者は全員 A から購入し、
>   A の利得は $10(p_A - 2)$、B の利得は 0。
>
> p_B が p_A より小さいなら、消費者は全員 B から購入し、
>   A の利得は 0、B の利得は $10(p_B - 2)$。
>
> p_A と p_B が等しいなら、半分の消費者が A から、半分の消費者が B から購入し、
>   A の利得は $5(p_A - 2)$、B の利得は $5(p_B - 2)$。

　以上の設定の下で、このゲームのナッシュ均衡を求めてみましょう。ナッシュ均衡とは、「相手の選んでいる戦略に対して、自分が最大の利得を得る戦略を選んでいる」という状態だったことを思い出しましょう。
　すると、
　　$p_A > p_B > 2$ なる戦略の組 (互いに 2 より高い異なる価格を選んでいる)

はナッシュ均衡になりません。なぜなら、この状態では B が全部の消費者を独占していますが、A が p_B よりわずかに低い価格を付ければ、全消費者を奪うことができるから、A は最善の戦略を選んでいません。
　　$p_B > p_A > 2$ なる戦略の組

も同じ理由からナッシュ均衡ではありません。
　　$p_A = p_B > 2$ なる戦略の組 (互いに 2 より高い同じ価格を付けている)

もナッシュ均衡ではありません。この場合、消費者を半々に分けて販売していますが、相手よりわずかに価格を下げれば、全消費者を奪うことができ、利得が大きくなるからです。
　　$2 \geqq p_B > p_A$ なる戦略の組や、
　　$2 \geqq p_A > p_B$ なる戦略の組や、
　　$2 > p_A = p_B$ なる戦略の組

もナッシュ均衡にはなりません。この場合、少なくとも一方の企業の利潤がマイナスになっているのでむしろ客を失って利潤を 0 にするほうがマシ

だからです。

$p_B > p_A = 2$（低い価格の方が2を選んでいる）

の場合、Aは全客を占有していますが、$p_A - 2 = 0$だから利潤が0です。この場合、Aは2よりちょっとだけ高い価格をつければ、全客を独占したまま利潤をプラスにできるので、ナッシュ均衡ではありません。

以上より、残るは

$p_A = p_B = 2$ なる戦略の組

のみです。これは、費用と同一の価格を付けているので、両者ともに利潤は0です。

実はこれが唯一のナッシュ均衡になります。

なぜなら、Bが価格2を付けている限り、Aは2より高い価格を付けると消費者をBに奪われるので利潤は0のまま。2より低い価格を付けると、全消費者を奪えるけれど利潤がマイナスになります。したがって、AはBが価格2を選んでいる下では価格2を付けることで最大の利得を得られます。Bにとってもこれは同じです。したがって、$p_A = p_B = 2$が唯一のナッシュ均衡ということになるのです。

これは企業の市場競争によく見られる現象です。差別化ができず、どの企業も同じように生産と販売ができる商品の場合、価格を下げるしか客を得る手段はありません。こうなると、赤字にならないぎりぎりの価格を付けるしかなくなります。そうなると、利潤は全企業に対して0に近づいて行くことになります。これを「**ゼロ利潤均衡**」と呼ぶことがあります。

第10講のまとめ

① プレーヤー**A**の戦略とプレーヤー**B**の戦略とがナッシュ均衡であるとは、次の**2条件**が成り立つこと。

(i) プレーヤー**A**の戦略S_Aは、プレーヤー**B**が戦略S_Bを選ぶ下では最大の利得を与える。

(ii) プレーヤー**B**の戦略S_Bは、プレーヤー**A**が戦略S_Aを選ぶ下では最大の利得を与える。

② ナッシュ均衡とは「相手がその戦略を選ぶなら、自分はこの戦略を選ぶのが最適」と互いになっている、ということ。
③ 他のプレーヤーと同じ戦略を選ぶのがナッシュ均衡になることを戦略的補完性という。
④ ベルトラン競争では、企業が費用と等しい価格を付けるのが唯一のナッシュ均衡。ゼロ利潤均衡になる。

第 10 講の練習問題

1. 表 10.5 の囚人のジレンマゲームに対して、ナッシュ均衡をすべて見つけよ。

表 10.5

A \ B	黙秘	自白
黙秘	−1 , −1	−10 , 0
自白	0 , −10	−5 , −5

2. 似たような週刊誌 A と B をプレーヤーとするゲームを考える。戦略は見出し記事を「経済」にするか「政治」にするかである。利得は得られる読者数 (万人) とし、利得行列は下で与えられる。このゲームのナッシュ均衡をすべて求めよ (参考文献 [10])。

表 10.6

A \ B	経済	政治
経済	3 , 3	6 , 4
政治	4 , 6	2 , 2

3. 表 10.7 のコピペゲームに対して、ナッシュ均衡をすべて見つけよ。

表 10.7

生徒 \ 先生	無	抜	全
ズル	2 , 0	1 , 2	−1 , 1
真面目	0 , 3	0 , 1	0 , 0

ゲーム理論を応用したリニエンシー制度

　ゲーム理論の現実的応用として、リニエンシー制度を挙げることができます。これは、囚人のジレンマゲーム (本書 140 ページ) を応用したものです。

　入札制度は、第 3 講のオークションのところで説明したように、供給者と需要者に健全な競争をさせて効率的な取引を実現する仕組みです。しかし、企業が公的機関から商品を受注したり、公共的な仕事を請け負ったりする際、入札において談合という行為が横行します。これは企業が示し合わせて受注金額を吊り上げる行為です。受注金額の吊り上げは、企業に不当な利益をもたらし、納税者に損失を与えるから防がなければなりません。カルテル・談合による経済的損失は年間 2 兆円〜5 兆円とも計算されていました。

　そこで 2006 年に施行された改正独占禁止法にリニエンシー制度が導入されました。この改正では、談合が発覚した際の課徴金のパーセンテージを引き上げた上、課徴金減免制度 (リニエンシー制度) を付加したのです。リニエンシーとは、談合をした企業が「自首」すれば課徴金の全額ないし一部が免除させる仕組みです。しかも「自首」が早ければ早いほど免除の率が大きくなるようになっています。最初に通報 (立ち入り検査前) すると 100％、二番目だと 50％、三番目だと 30％と設定されました (再改正され、第三社〜第五社が 30％)。

　140 ページで解説したように、囚人のジレンマゲームでは、「自白」の誘惑がプレーヤーに「自白」を促します。それは、単に「自白」のほうが得だからというばかりではなく、相手に「自白」されてしまうのではないかという疑念がさらに「自白」を駆り立てる構造になっています。リニエンシー制度も、これと同じ仕組みから、企業の談合を崩すわけです。

　効果はどうだったのでしょうか。2007 年以降、リニエンシーの申請件数も課徴金納付命令額も増加しました。課徴金は、ほぼゼロから 300 億円と増加しました。つまり、この制度導入には大きな効果があった、ということです。このように、ゲーム理論は、上手に応用すれば大きな社会的効果を生み出すものなのです (参考文献 [7])。

おわりに

　ぼくは遠回りして経済学者になった人間です。学部は数学科で、卒業後は社会人を長く経験しました。その経緯は参考文献 [2] に譲りますが、とにかく紆余曲折の末に 40 代で経済学者になった人間なので、経済学に対する気持ちが普通の生え抜きの経済学者たちとは全く違います。すなわち、経済学にさほど強い信頼を置いていないし、経済学の定番の教え方が正しいものだとも信じていません。

　ぼくの考えでは、経済学の「易しいパーツ」は実際のビジネスに役立つが、「難しいパーツ」は単なる数学の遊戯にすぎず現実社会とは無縁です。でも、定番の教科書では「難しいパーツ」を一生懸命に解説しています。これは書き手・読み手双方にとって、非常に不毛にして不幸なことだと思います。そこでぼくは本書において、「易しいパーツ」だけを使って経済学を伝授する試みをしました。それは、「ぼくの中で納得できている経済理論」というのとイコールです。

　今後、大学での経済理論の教育方法が良い方向に改善され、社会人の経済学に対するイメージが大きく変わることを祈っているし、そのきっかけに本書が役立てば嬉しいな、と思っています。

　本書の原稿は、友人の経済学者で岡山大学教授の浅野貴央さんに査読していただきました。浅野さんにはたくさんの指摘と提案をいただき、内容の改善に大きく役立ちました。ここに心からお礼を申し上げます。もちろん、本書に誤謬が残っていれば著者の責任であることは言うまでもありません。また、本書の企画から編集まで、講談社サイエンティフィクの大塚記央さんにお世話になりました。『ゼロから学ぶ微分積分』『ゼロから学ぶ線形代数』に続いて三冊目です。この二冊と同じように、従来にない斬新な教科書を書かせてくださったことに感謝いたします。

経済学の面白さが多くの人に伝わることを祈って
2019 年　8 月　小島寛之

参考文献

[1] アダム・スミス『国富論』、山岡洋一訳、日本経済新聞出版社、2007 年
[2] 小島寛之『ゼロからわかる 経済学の思考法』、講談社現代新書、2012 年
[3] 小島寛之『暗号通貨の経済学』、講談社選書メチエ、2019 年
[4] 神取道宏『ミクロ経済学の力』、日本評論社、2014 年
[5] 坂井豊貴『多数決を疑う 社会的選択理論とは何か』、岩波新書、2015 年
[6] J. フォン・ノイマン、O. モルゲンシュテルン『ゲームの理論と経済行動』、銀林・他訳、ちくま学芸文庫、2009 年
[7] 松井彰彦『市場って何だろう』、ちくまプリマー新書、2018 年
[8] 梶井厚志・松井彰彦『ミクロ経済学 戦略的アプローチ』、日本評論社、2000 年
[9] 小島寛之・松原望『戦略とゲームの理論』、東京図書、2011 年
[10] 梶井厚志『戦略的思考の技術』、中公新書、2002 年
[11] 尾山大輔・安田洋佑・編著『改訂版 経済学で出る数学』、日本評論社、2013 年
[12] 小林昇・杉原四郎・編著『新版 経済学史』、有斐閣双書、2001 年

練習問題の解答

[第1講]

(1) 2、100 (2) 4、100、300、3、$4-2=2$

[第2講]

1. (1) ①、上がり (2) ②、10、2 (3) ③、50、3 (4) ④、高、下がり、300、4、大き、減少

2. (1) 300、450、150 (2) 330、495、105 (3) 330、300、300、10 (4) 105、150、150、30 (5) 30、10、3

[第3講]

1. (ア), (オ)

2. (1) U、V、W、X、Y (2) V、W、X、Y (3) 700円 (4) 800円 (5) 人数 5 4 4 3 2 2 2 1 0 (6) 需要量 5 4 4 3 2 2 2 1 0、供給量 0 0 1 1 2 2 3 4 5 (7) 400、2、(X, Y)、(A, B)、500、2、(X, Y)、(A, B)

[第4講]

1. 600、900、1500、$p-500$、$2000-p$、1500、1500)

2. (1) 需要数 5 4 3 3 2 2、供給数 0 1 2 3 4 5 (2) 330、3、$0+0+2+42+52=96$ (3) 支払い 330 341 352 363 374 385、需要数 3 2 2 2 1 0 (4) 320、2、$0+0+0+20+30=50$

3. 32、48、50、40

[第5講]

1. (1) 完全補完財 (2) 完全代替財

2. (1) X、Y、Y、X (2) Y、X、Y、X (3) 支持政党 X X X Y Y、X (4) 多数決の結果 Y Y Y

3. (4, 0), (3, 3), (2, 6), (1, 9), (0, 12)、(3, 3)、(2, 6)、(1, 9)、(4, 0)、

(0, 12)、3、3

[第 6 講]

1. (1) (10, 0)、(0, 8) (2) (6, 2)、(10, 0)、(4, 6)、(0, 8) (3) (6, 3)、(10, 0)、(0, 8)、(4, 5)
2. (1) (10, 0)、(0, 6) (2) (6, 2)、(4, 4)、(6, 2)、(10, 0)、合意する、(4, 4)、(0, 6)、合意する、成立する (3) (7, 1)、(3, 5)、(10, 0)、(7, 1)、合意しない、(3, 5)、(0, 6)、合意する、成立しない

[第 7 講]

1. (1) ①、グー、②、チョキ、1、−1 (2) ①、チョキ、③、チョキ、0、0 (3) ①−チョキ、②−チョキ、③−チョキ
2. (1) Win、2、Mac、0、2 > 0、Win、Mac、1、Win、0、1 > 0、Mac (2) Win、Win、2、Mac、Mac、1、2 > 1、Win (3) ①−Win、②−Win、③−Mac (4) ①、Win、②、Win、2、2

[第 8 講]

1. (1) 規制、0 > −1、自由参入、2 > 1 (2) 高コスト、高コスト、規制、3、低コスト、自由参入、1、3 > 1 (3) 高コスト、規制、自由参入、B が①で高コストを選ぶ→A が②で規制を選ぶ (4) 3、0、B(企業)、先、後

[第 9 講]

1. (1) A、X、Z、Z (2) B、P、Q、Q (3) A、X、Y、Y (4) X、P

[第 10 講]

1. [A が自白を選び，B が自白を選ぶ]
2. [A が経済を選び，B が政治を選ぶ] および [A が政治を選び，B が経済を選ぶ]
3. [生徒がズルを選び，先生が抜を選ぶ]

索　引

あ行
イングリッシュ・オークション 47
枝刈り 114
オークション 43

か行
回帰直線 30
価格 4
価格受容 12
価格弾力性 27
価格調整過程 22
価値 3
過当競争 142
完全情報ゲーム 115
完全代替財 81
完全補完財 82
逆向き推論 112
供給 11
強支配 140
均衡価格 16, 52
均衡戦略 112
均衡点 16
均衡取引量 16, 52
ゲームの木 105
ゲーム理論 103
限界原理 14
交換価値 3
効用価値説 20
効用関数 86

さ行
支配戦略 140
弱支配 147
囚人のジレンマゲーム 137

た行
需要 6
需要曲線 9
需要と供給の原理 15, 23
需要の価格弾力性 32
純粋戦略 138
使用価値 3
消費者総余剰 62
消費者余剰 61
生産者総余剰 64
生産者余剰 63
ゼロサムゲーム 116
選好 76
戦略 107
戦略的補完性 155
相対価格 97
総余剰 64

た行
ダッチ・オークション 47
投票のパラドクス 78

な行
内的評価 45
ナッシュ均衡 152

は行
パレート改善 94
費用価値説 20

ま・や・ら行
無差別曲線 84
余剰 60
利潤 129
利潤最大化 133

著者紹介

小島 寛之(こじま ひろゆき)

1958年東京都生まれ。東京大学理学部数学科卒業。
東京大学大学院経済学研究科博士課程単位取得退学。経済学博士。
現在、帝京大学経済学部教授。
軽妙洒脱な語り口とその分かりやすさで大好評。
『完全独習 統計学入門』『完全独習 ベイズ統計学入門』(ダイヤモンド社)、
『経済学の思考法』『暗号通貨の経済学』『ゼロから学ぶ微分積分』(講談社)など著書多数。

NDC331　175p　21cm

世界一わかりやすいミクロ経済学入門

2019年10月9日　第1刷発行
2021年7月20日　第2刷発行

著者	小島 寛之(こじま ひろゆき)	
発行者	髙橋明男	
発行所	株式会社 講談社	
	〒112-8001　東京都文京区音羽2-12-21	
	販売　(03)5395-4415	
	業務　(03)5395-3615	
編集	株式会社 講談社サイエンティフィク	
	代表　堀越俊一	
	〒162-0825　東京都新宿区神楽坂2-14　ノービィビル	
	編集　(03)3235-3701	
本文データ制作	藤原印刷 株式会社	
カバー・表紙印刷	豊国印刷 株式会社	
本文印刷・製本	株式会社 講談社	

落丁本・乱丁本は購入書店名を明記の上、講談社業務宛にお送りください。送料小社負担でお取替えいたします。なお、この本の内容についてのお問い合わせは講談社サイエンティフィク宛にお願いいたします。定価はカバーに表示してあります。
©Hiroyuki Kojima, 2019

本書のコピー、スキャン、デジタル化等の無断複製は著作権法上での例外を除き禁じられています。本書を代行業者等の第三者に依頼してスキャンやデジタル化することはたとえ個人や家庭内の利用でも著作権法違反です。

JCOPY　〈(社)出版者著作権管理機構 委託出版物〉
複写される場合は、その都度事前に(社)出版者著作権管理機構(電話 03-5244-5088、FAX 03-5244-5089、e-mail : info@jcopy.or.jp)の許諾を得てください。

Printed in Japan
ISBN978-4-06-517563-7